KUWEI
酷威文化

图书 影视

好好说话
的情绪教养

［韩］金善浩 ——著　曹红滨 ——译

四川文艺出版社

父母的话，
要让孩子有存在感

　　父母每天早上需要有意识地做一件事：在孩子去学校之前，观察他们的表情。去学校之前，孩子们的表情就像一部电影的预告片，会提前告诉我们，他们今天将会在学校度过怎样的一天。如果看到孩子的表情、动作、脚步与平时不同，父母需要询问一下，孩子是否有什么心事。

"怎么了？"

大多数孩子会说"没事"，但他们的眼圈却红红的。

"发生什么事了？没关系，说出来吧。"

大多数孩子会说"没什么，下次再说吧"。不过，几乎没有孩子会再提这件事。但是，孩子们的表情会变得轻松许多，因为他们知道会有人观察他们的表情。

我们会忘却伤痛，这句话是错误的。我们会记住曾经受过的伤，伤口会留下伤疤，提醒我们不要重复之前的错误。我们希望别人能够看到我们的伤疤，记住我们曾经受过的伤。我希望，我们的孩子能够不再受到伤害。

我们教育孩子不要打架，这句话也是错误的。不会打架的孩子，留给他们的只有伤痛。父母抱怨孩子不听话，反而会让孩子产生抵抗情绪，让他们变得更好斗。我希望，我们的孩子不再因为与父母争吵而受伤。

我们要记住孩子们受过的伤，虽然会很沉重，但我们仍然需要探讨这个话题。在孩子们受伤的记忆中，从始至终伴随着父母的"话语"。重要的不是话语本身，我们也不需要过度关注对话的方法与具体的技巧。"在这种情况下这样说，在那种情况下那样说"，如果拘泥于这种方法论，我们最终会与孩子渐行渐远。

我们的孩子是具有独立意识的"个体"。他们需要的不是花言巧语，而是让他们"充满存在感的话语"。这样的话不需要说太多，但父母需要拥有敏锐的洞察力，能够了解孩子所处的状况。孩子越不善言谈，越能通过身体的反应表明自己当前的处境和自身的状态。如果看不到这些，父母就很难与受伤的孩子进行交流。

我注意到一个奇怪的现象，市面上有许多育儿信息，父母们也有很多机会学习如何教育孩子，但是，每年受到伤害的孩子仍然有增无减，而且孩子们受到的伤害也越来越严重。原因可能是大多数父母在心理上并不成熟。我希望大家可以读一下这本书，不单纯是为了孩子，也为了让自己成为真正成熟的父母。

最后，尹秀珍总监站在一个母亲的角度，经过深思熟虑为本书编写了目录，对此，我表示深深的感谢。

2021 年 2 月

于阁楼工作室

金善浩

◎ 目录

TIP02 读懂孩子内心的对话技巧

　　"给经常对孩子发脾气而身心俱疲的妈妈们的建议！"

第三章

理解孩子内心想法的话

TIP03 读懂孩子内心的对话技巧

　　"妈妈的话，如果有温度，会是多少度呢？"

第四章

读懂妈妈内心想法的话

TIP04 读懂孩子和父母内心想法的书籍

　　"父母们读完能够获得帮助的心理、人文、育儿类书籍"

第一章

伤害孩子心灵的话

毁掉孩子
一天的话

> 孩子们的一天被毁掉，不是因为孩子们听了什么话，而是他们潜意识中知道在何时何地将会反复听到这些话。

对孩子而言最重要的早上 30 分钟

我每天在学校做的第一件事就是与孩子们对视。通过孩子的眼睛，我能了解他们的一天将会如何度过。在孩子们看来，那可能只是一次不经意的对视，但对我而言却是了解孩子当天状态的最好时间。如果我发现孩子的眼神不同以往，那么这一天一定会发生一些事情。即使表面上什么也没发生，但实际上一定会发生，只是没有让作为班主任的我知道而已。最终，在几天或几周后，可能还会发生更严重的事情。所以，如果你问我，在学校里一天最重要的时间是什么时候，我会毫不犹豫地回答出来。

"早上八点半到九点。"

也就是到学校之后，还未上第一节课的那段时间。这短暂的 30
分钟，决定了孩子们一天在学校的生活状态。在这段时间里，我不会
说太多的话，而是通过眼神和手势传递信息，面带微笑地看着他们。
随着孩子们的眼神传递出不同的信息，我可能会一脸担心地看着他们，
同时摸摸他们的头。除此之外，我不会说多余的话。

偶尔，我会这样说：

"你看起来有点儿累啊！"

"是不是哪儿不舒服，没事吧？"

早晨上课前的 30 分钟，没必要过多地训诫和教育孩子。孩子们
需要的只是平静的一天的开始。如果孩子们感觉教室里是安全的，不
管当天他们的家庭情况如何，至少在学校，他们不会感到不安。

○ 在家的时间都很重要

在家里，什么时间是最重要的呢？早上刚起床的时候？放学后回
到家的时候？还是吃完晚饭到睡觉之前的那段时间？对于这个问题，
我的回答是：

"在家的时间都很重要。"

理由很简单。除去睡觉的时间，孩子们一天在家的时间只有几个小时。考虑到这一点，我们不妨换个问法：

"什么时间父母最容易生气？"

一般来说，孩子睡觉前一小时，父母最容易生气。那个时间，父母的"理智"会降到最低。尤其是晚上加班后回到家的时候，他们的身体沉重得犹如灌了铅。身体的疲惫让父母们的忍耐力接近零。如果在工作中遇到什么困难，毫无疑问父母会更容易生气、发火。这时，父母们一般会说：

"作业做完之前别想睡觉。"
"我不是说让你早点做吗？"

这些话还算是轻的。跟孩子们交流过之后，我意外地发现孩子们听过很多更严重的话。当然，作为父母可能并不这么想。

"一生气，可能在不知不觉之间，我也说过很重的话，但次数不是很多，可能就一次……"

那"不经意间"的一次，可能会击碎孩子们的自尊心。可能会让孩子们的眼神变得跟父母一样，心怀愤怒，伺机寻找发泄的对象。

⬡ 父母最容易生气的时间

每个父母容易生气的时间并不完全一致。

· 忙碌的早晨，总会突然暴怒的早晨暴怒型

· 喝醉后，回到家牢骚不断、讽刺挖苦孩子的酒后训诫型

· 晚饭后，疲惫地检查作业时发火的家庭作业型

· 一到周末定期发火的周末型

……

父母们可以仔细回想一下，自己主要是在什么时间以哪种方式发火，是否说了不该说的话，做了不该做的动作，然后把结果写下来。写过几次之后，父母们马上就会知道：

"原来我早上最容易生气啊！"

"原来我周日早上最容易生气啊！"

孩子们的一天被毁掉，不是因为孩子们听了什么话，而是他们潜

意识中知道在何时何地将会反复听到这些话。所以孩子们在学校里也会变得不安，他们会跟老师诉苦：

> "老师，我辅导班的作业没写完，压力好大，我好害怕。"
>
> "是因为没写完辅导班的作业害怕吗？完不成作业，辅导班的老师会批评你吗？"
>
> "不是，回到家之后，妈妈会批评我。"
>
> "是怎么批评你的呢？"
>
> "作业都不好好做，天天净想着玩儿。"

虽然孩子们还没听到这些话，但他们知道自己很快就会听到，所以他们的一天就被毁掉了，因为孩子们知道父母会对他们说什么话。

那些话会伴随孩子们一天。孩子们早晨来到学校的时候、休息的时候、吃过午饭在操场上玩的时候、回家路上，都会时不时想起那些话。到了父母容易生气的时间，那些话就像是预告的电影开播一样，"嗖嗖"地冒出来。而且，大多数"电影"比"预告片"更真实。

想象一下，今天我们在家中会说出什么样的话。如果这些话预告的不是一部让孩子感到恐惧的"恐怖片"，而是一部有一个圆满结局的喜剧片，那么，这样的剧情转变，会带来什么样的结果呢？

让孩子
担惊受怕的话

面对考试表现出潜意识反应的孩子们，令他们感到恐惧和害怕的并不是考试，而是成绩出来后家人的反应。他们会想起成绩不理想时遭受的责备、妈妈生气的眼神、爸爸寒心的表情、奶奶的唠叨等。

对未发生的事感到恐惧的孩子们

2018 年，加州理工学院的迪恩·莫伯斯（Dean Mobbs）教授带领的研究团队在《美国科学院院报》（PNAS）上刊登了一份研究表格，该表格的内容是关于人脑对恐惧的反应。这项研究显示，如果突然受到威胁，且时间紧迫来不及躲避时，我们的大脑会启动潜意识反应回路。

但是，即便受到同样的威胁，如果有时间躲避或者有时间考虑对策，我们的大脑便会启动认知回路。换句话说，如果我们感到恐惧，我们的大脑可能会做出两种反应，即认知反应或者潜意识反应。

仔细观察教室里的孩子们面对考试时表现出的紧张和不安，我们会发现每个孩子的表情各不相同。迪恩·莫伯斯教授的研究结果显示，距离考试还有 4 周时，孩子们做出的应该是认知反应。这里的认知反应指的是孩子们在思考考试这件事。他们苦恼于如何才能取得好成绩，然后制订计划，并从中做出选择。

但是，并不是所有的孩子都会这样，有一些孩子面对考试时会表现出潜意识反应。虽然距离考试还有 4 周，但当他们听到"考试"这两个字的瞬间，就会表情呆滞、手发抖，不知所措，就好像看到前面有一只狮子正扑向自己。考试并不是迫在眉睫的威胁或恐惧，可为什么这些孩子没有办法启动认知反应，反而启动了潜意识反应呢？

潜意识中对考试的恐惧

明明有充裕的时间考虑对策，但孩子们却表现出潜意识反应。这意味着，对孩子而言，那种令人恐惧的状况好像马上就会发生。或者孩子反复多次体验到，无论自己如何努力也无法通过认知的方式消除那种恐惧。不管是哪种情况，孩子在本应准备考试的 4 周时间内，一直在潜意识中经受着恐惧的折磨。因为他们经常听到"考试"这两个字，或者经常看到身边的同学为了考试而认真学习。

我曾经把我班上的孩子们分成两组（不是分成两组后让他们按组别坐在一起），分别记录下两组孩子的名字，以便进行区分和观察。两组孩子分别是对于"考试还剩4周"这件事，表现出认知反应的孩子和潜意识反应的孩子。但是在观察的过程中，我发现了另一种类型的孩子。对于考试，他们既没有表现出认知反应，也没有表现出潜意识反应。刚开始，我竭尽全力尝试将这些孩子划分到两组中去，但不管划分到哪一组都感到不合适。后来，我了解到，这些孩子并不担心考试，也不害怕考试。即使他们害怕考试，这种害怕的程度也很轻。因此，他们不需要表现出认知反应或者潜意识反应。最终，我把孩子们分成三组后，开始了我的观察。

在观察的过程中，我向三组中表现特别明显的一些学生提了几个关于考试的问题。我并不是在正式场合以面谈或咨询的形式对他们进行提问，而是在休息时间或午饭时间，在与他们不经意的聊天中自然而然地提出我的问题。

"考试准备得还顺利吗？"

"最近学习状态怎么样？"

"最近都在准备考试，很累吧？"

在询问这些问题的过程中，我渐渐明白了为什么两组孩子面对考试会有不同的反应。

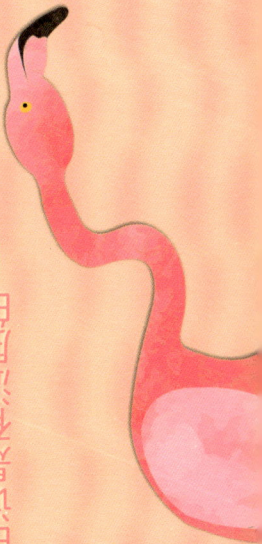

这是个好主意，
你怎么想到的？

你太棒了，
我为你骄傲！

你可以尝试下，
错了也不要紧。

我永远支持你。

你做得很出色，
100个赞。

谢谢你，
帮了我一个大忙。

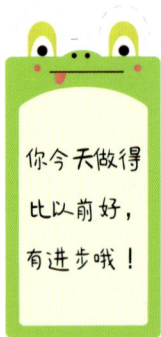

你今天做得
比以前好，
有进步哦！

今天的事
都完成了，
真棒！

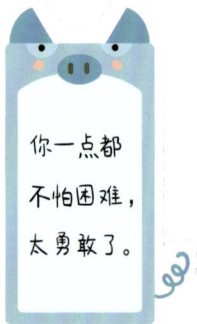

你一点都
不怕困难，
太勇敢了。

○ 比起考试，孩子们更害怕父母对考试成绩的态度

首先，面对考试表现出认知反应的孩子们对考试的恐惧来自考试本身。换句话说，这些孩子的注意力集中在"怎么准备才能在 4 周后的考试中取得好成绩"。孩子们想取得理想成绩，并为此有意识地付出一定的努力。他们制订计划，并根据实际情况不断修改计划，完成既定的学习任务。

但是，面对考试表现出潜意识反应的孩子们，令他们感到恐惧和害怕的并不是考试，而是成绩出来后家人的反应。他们会想起成绩不理想时遭受的责备、妈妈生气的眼神、爸爸寒心的表情、奶奶的唠叨等。而且，孩子们的反应好像是，他们现在在教室里正承受着这些责备、眼神、表情和唠叨。于是，他们会拿出各自最好的防御手段，通过各种"身体反应"来应对眼前的威胁，诸如心情骤然低落，手发抖，趴着睡觉，等等。

下意识地快速行动、毫不迟疑地迅速做出决定，这些大多都是人在生死存亡之际做出的反应。大脑发出信号，告诉人们危险迫在眉睫时，人们甚至没有时间思考，同时还背负着一层负担，即使不思考也要做出正确的决定。

一些含有威胁意味的话虽然听起来似乎并不严重，但却能够使孩子们立即做出这种反应。一个听到"考试"总是瞬间备感压力的孩子曾经亲口告诉我，他爸爸对他说：

"考试至少要考90分以上啊！爸爸小时候经常考100分，即使考不到100分，至少也是95分。所以现在才能成为医生。现在这个世界，要具备成为一名医生的能力，才可能过上无忧无虑的生活。不然的话，活在这个世界上太难了。"

实际上，上面这段话不包含任何辱骂、侮辱性的词汇，也没有让人感觉这位家长会大吼大叫或扔东西，这只是一句心平气和说出的话而已。但是，孩子在学校一听到"考试"，就会变得高度紧张。他不再从认知层面看待考试，而是带着充满不安的眼神来到我身边不停地询问：

"老师，这次考试难吗？"

"老师，成绩出来了吗？"

"老师，我这次有没过90分的科目吗？"

◯ 让孩子们生活在恐惧中的话

对一些孩子而言，考试总是意味着让父母失望，让这个世界变得难以"生存"。实际上，对于被这种思想"蚕食"的孩子，我曾在他们的小学毕业评价上写道："与你听说的或想象的不同，考试并不会对生活产生如此大的影响，它并不能决定一切。"但这些话并没有产生任何效果。因为对孩子而言，爸爸、妈妈和奶奶等家人说的话才是正确的。在他们看来，很明显，现在的世界是一个分数决定一切的世界。

这足以让他们面对考试时做出潜意识反应——瑟瑟发抖。因为作为一生平稳生活的保障，4 周的准备时间实在太短。

"人的内心绝对不会因为接受外部观点而改变。问题的答案并非来自外部世界，一直以来，只有在自我内心深处找到的答案才真正属于自己，并能为自己所用。"

这是郑惠信（정혜신）老师在《你是对的》一书中写的一句话。这句话的意思是，与其通过别人的帮助治愈内心的伤痛，不如本人直面伤痛，找到其中的原因，只有这样才能真正解决问题。那么，我们来问自己一个问题吧！

"内心深处的我寻找关于自己的答案、审视自己的过程，为什么这么难、这么累呢？"

虽然每个人的情况各不相同，但大多数人喜欢用一把巨大的锁将自己的心灵之门锁起来。那把锁的名字是"害怕""不安"或"恐惧"。而锁的牢固程度和大小取决于每个人的语言成长环境。有些话能够让孩子们马上感到害怕，终身生活在恐惧之中，这些话很容易脱口而出，甚至父母有时会在心平气和的状态下说出这些话。话语的内容或者说话的方式可能不同，但是这些话归根结底都是在说：

"不学习的话，你以后会过得很辛苦。"

◯ 关注当下的每一天

如果想给孩子们提建议或训诫他们，拿"遥远的未来"说事几乎没有任何效果，只会让他们对现在感到不安。孩子们越不安，越容易表现出潜意识反应。他们会觉得，即使今天或者明天表现得很好，但如果哪天出错，自己的未来还是会充满坎坷。谁也不可能每天都表现得很完美。父母和孩子说话的时候，要多关注当天发生的事情，这样谈话效果会更好。

"今天的事情都完成了，真棒！"

如果孩子今天的事情没有全部完成，简单问一下原因就可以了。

"今天辅导班的作业没全部完成啊，发生什么事了？"

如果作业没有完成，孩子们需要自己寻找原因。是作业太多，还是因为玩手机，抑或是身体不舒服，孩子们的理由不尽相同。如果孩子们能够自己找到原因，父母应该鼓励他们。

"原来是因为玩手机啊！好在你已经知道了问题产生的

原因，相信你也能够找到解决的办法。虽然不玩手机做起来并不容易，但我还是希望你能够自我调节一下玩手机的时间。"

　　如果不想让孩子平时生活在恐惧和不安之中，父母就需要拿出足够的时间，听一下孩子的解释，去了解为什么他们没有完成今天该做的事情。给予孩子客观说明自身情况的机会，这也能成为孩子开始自我调节的良好契机。

否定孩子
自身存在的话

父母否定孩子自身存在的表现，并不是对孩子
说什么侮辱性很强的话，而是对孩子的问题或
请求不做出任何回应。

包含孩子强烈愿望的话

神学思潮中有一种学说，叫"消极神学（Negative theology）"。这
种学说出现的原因是，人们认为神是超越人类的存在，无法用人类的
语言对其进行完整的描述。因此，这种学说的观点是，人只能用否定
的方式描述神的存在。例如：

"神不受时间的束缚。"

"神不受空间的约束。"

"神不受语言的限制。"

事实上，这种强烈的否定说法中暗含着人们潜意识中的欲望，即人们强烈地渴望这种情况真正"存在"。这种描述方法通过否定所有的不完美，最后只留下完美。孩子们有时也会使用"消极神学"的这种否定说法。

"妈妈，不能陪我玩吗？"

"爸爸，给我买那个不可以吗？"

"今天吃炸酱面不行吗？"

与主张"消极神学"的神学家相比，孩子们的这些话水平更高。因为上面这几句话中，孩子们首先否定自己想做的事情，然后从侧面表达出自己强烈的愿望——真的只想做这件事。这些话想要表达的意思其实是：

"妈妈，你没有理由不陪我玩，对吧？"

○ 努力展现存在感的孩子们

如果想让孩子感受到自身的存在感，我们应该用心聆听孩子们说的话，聆听那些以否定的形式表达欲望的话。虽然不能说拥有欲望就能获得完整的存在感，但很明显，至少在拥有欲望的瞬间，孩子们在潜意识中能够感受到自身的存在感。相反，如果对任何事物都无法产生欲望，孩子们就会陷入一种极度"抑郁"的状态。父母否定孩子自身存在的表现，并不是对孩子说什么侮辱性很强的话，而是对孩子的问题或请求不做出任何回应。父母没有任何回应，在孩子看来是：

"爸爸妈妈不在乎我的想法。"

感到父母不在乎自己的想法时，孩子们会用尽一切办法努力展现自己的存在。这种努力指的是为了获得父母的认可而煞费苦心。我们在前面提到，"消极神学"通过否定的方式阐明自己的观点，与"消极神学"的方法一样，孩子们也会尽量避免做很多事情。

"我不会惹是生非。"
"我不会做让妈妈难过的事情。"
"我不会说别人的坏话。"
"我不会说我不想做。"

孩子们会这样说、这样想、这样做。在别人看来，这样的孩子今后会成为非常优秀的人。但是，这些想法和行为就好比是"消极神学"中所说的"成为'完美之神'的必备条件"。

"通过改掉不好的习惯，我会成为一个完美的人，做到充分为他人着想。这样，就能得到妈妈的认可吧。"

从精神分析层面来看，这样的人被称为"取悦症患者"。他们早已抛弃了自己的欲望，仅仅为了在他人的认可中寻找存在感，不断地付出艰辛的努力。"模范生""思想成熟""乖巧懂事""体谅父母"，得到这些评价的孩子们，大多都是"取悦症患者"。但是父母所看到的，只是这些孩子很懂事、很招人喜欢而已。

◌ 练习说让孩子获得存在感的话

学校里也有一些患"取悦症"的孩子。他们会帮助老师管理其他的孩子。看到让老师操心的孩子，他们会露出寒心的表情，甚至会去安慰老师。

"老师，因为那些学生，您现在觉得很累吧！"

听到孩子这样安慰我时，我会对他们说：

"你现在最想做什么呢？"

突然被问到自己想做什么，孩子们一时回答不上来。因为他们已经很长时间没有考虑过自己想做什么，已经很长时间没有想过自己有什么欲望。

孩子没有欲望，或者父母对孩子的欲望经常是左耳进右耳出，当这种情况反复出现的时候，孩子们就会变得不知道自己想做什么。探讨深层心理学的书籍《做自己就好》（李仁秀、李武石合著）中有这样一句话：

"'取悦症'患者的心理状态是，只有得到他人的认可才能够感受到自己的价值。当'我'让对方感到开心或满足的时候，'我'就会感到安心，也能够感受到生命的意义。相反，如果得不到对方的认可，'我'就会感到自己的存在没有任何价值。"

父母要让孩子知道，他们不需要一直努力，也能够获得存在感。要做到这一点其实并不难。只需在孩子问可不可以时，更加积极地回应他们。

"爸爸，我们可以吃炸酱面吗？"

"当然可以！我们点上糖醋肉一起吃吧。"

使孩子
深深受伤的话

费尽心思、竭尽全力，为了获得认可付出了艰苦的努力，但是当这所有的一切因为一句非常随意的话而崩塌时，孩子的内心就会受到伤害。

○ 最容易让孩子受伤的话

下面这些话中，哪句话让孩子受到的伤害最深呢？慢慢出声读一读，感受一下每句话带来的压抑感吧。

"别的孩子都已经开始做其他的练习册了。"

"为什么这么简单的题都考不到 100 分呢？"

"所以你将来打算干吗？"

"房间里乱七八糟的，这算什么呀！"

"你就只会这点儿东西吗？"

“你做的东西怎么都这样？”

“去洗一洗！”

“你就只画了这点儿吗？”

“你不需要知道。”

“你到底会做点儿啥呀？”

“这样下去，你考不上大学的。”

“你为什么这么没眼力见儿？”

“这是你做的吧！”

“一点都不小心……”

“你太胖了，所以没人喜欢。”

“真搞不懂你。”

“不懂装懂。”

“你长得真丑。”

“你真固执。”

“听进去了吗？”

“你就嘴上说得好听。”

“动动脑子啊。”

“跟个傻子一样……”

“你弟弟都会……”

“班长也不会吗？”

这些话中，哪句话让孩子受到的伤害最深呢？实际上，这些话都会让孩子受到伤害。理由很简单，上面这些话都是学生在接受问卷调查时写下的。我让学生把到目前为止他们听过的最让自己伤心的话写下来，他们便写出了这些话。事实上，还有一些话比上面这些话更难听。不仅仅是语言，还有一些学生写出了一些让他们感到伤心的表情和动作。

我之所以把那些难听的、直接辱骂的话删掉，是因为许多家长觉得，只要不辱骂或者殴打孩子，就不会对孩子造成伤害。所以，我只挑选了一些不包含侮辱性词汇，但我认为会影响孩子情绪的话。但是，孩子们的看法是不同的。这些话不仅影响了他们的情绪，也让他们受到了深深的伤害。问卷结束后，孩子们就放学了，这时一个学生走过来跟我说：

　　"老师，虽然是您让写我才写的，但我的心里忽然感觉很悲伤。"

◌ 若无其事说出的注重结果的话

那个孩子说出这句话的时候，眼里噙满泪水。"悲伤"这个词，在这里暗含着父母并不了解孩子们付出努力的"过程"。再读一遍上面的话，大家会发现，那些话大多评价的是结果。费尽心思、竭尽全力，为了获得认可付出了艰苦的努力，但是当这所有的一切因为一句非常随意的话而崩塌时，孩子的内心就会受到伤害。

"内心受到伤害，人们不仅会感到痛苦、丢脸，心中也会涌起一股愤怒、报复、反抗的情绪。"

这是贝贝尔·瓦德茨基在《心灵羊皮卷》中写的一段话。

在与家长交流的过程中，我发现，对于孩子的愤怒、闹脾气、报复心理、逆反心理，一些家长认为这些并不是什么特别严重的问题，往往会一带而过。

"我家孝静最近可能是到了青春期。"

有时候，家长可能担心说出这种话的时候，自己的表情会出卖自己，于是匆匆忙忙找个理由搪塞过去。这种时候，家长的话听起来就像是做错事的小学生在辩解。当然，作为老师，我只是静静地听着，因为事实可能真的如此。但是，我想对这些家长说：

> *"并不是所有的孩子到了青春期都会闹脾气、发怒、过*
> *分敏感、产生逆反心理。令人惋惜的是，受到伤害的孩子们*
> *如果想迎来青春期，还需要等待很长一段时间。因为在他们*
> *受到伤害的内心深处，会有很长一段时间感觉自己只是一个*
> *小孩子。"*

◯ 伤害孩子的话，说多了会成为习惯

青春期是寻找自我认同感，自己作为主体开始独立的过程，我真心希望父母不要总是把青春期当作借口。相比之下，父母更应该关注的是，在若无其事根据结果评价孩子的那一刻，自己流露出的感情。孩子们叛逆的真正原因不是青春期，而是他们长久以来遭受的"语言暴力"。就好比被纸张轻轻划过，身上会留下若有若无的伤口，即便是这种伤口也会隐隐作痛。伤害孩子的话，说多了会成为"习惯"，成为习惯之后，父母便意识不到自己做错了什么。如果实在不清楚什么样的话会伤害孩子，不如直接问一下他们。

"美京啊，你上幼儿园的时候，妈妈有说过什么让你特
别伤心的话吗？"

父母可能会听到完全意想不到的话，或者完全记不得自己曾说过那样的话。虽然我们已经忘记，但是受到伤害的孩子们却记得特别清楚。然后，孩子们会说：

"那个时候我真的很伤心。"

05

大人嘴中
诽谤别人的话

对于自己想要批评或指责的人，如果不能产生任何共情、没有任何关爱，或者是丝毫不希望他过得很好，那这种批评或指责就会成为"诽谤"。

○ 说朋友坏话的孩子们

有一些孩子会说朋友的坏话。询问他们原因时，他们大多会这样说：

"只是开个玩笑而已。"

"是善美先开始说我的。"

"我说的是真的，我没有撒谎。"

"只是说说而已，又不是什么骂人的话。"

这些孩子诽谤别人，是他们潜意识中许多因素共同作用的结果。首先，第一个原因是"归属感"。通过分享别人的坏话，拥有只有"我们"才知道的秘密，从而人为地形成所谓的"我们是同一阵营"的归属感。如此，这种归属感形成之后，谁也不能随随便便脱离那个集体。因为这些孩子的内心深处一直存在着一种恐惧——尝试脱离集体的瞬间，自己也可能成为被诽谤的目标。

实际上，也有一些孩子最开始是因为这样的理由，被迫加入小集体，然后在不知不觉中便学会了诽谤别人。他们找好目标后，先四处寻找或者制造关于那个孩子不好的传闻，然后跟集体成员分享。之后，他们在某个瞬间对这种行为感到麻木，甚至从中感受到快乐，把这种行为当作一种乐趣。

第二个原因是"存在感"。说某个人的坏话能够瞬间吸引别人的目光。看着来听自己讲故事的朋友们，孩子们能够获得一种存在感，比如他们会产生一种难以言表的优越感，或是觉得自己很受欢迎。他们会用更刺激、更夸张的语言进行描述，或者添加一些推测性的话语，比如"也有可能会……"，来过度渲染他们"知道"的事情。这时，事情的真伪已不重要，重要的是如何绘声绘色地描述他们所说的事情。在这个过程中，他们对于被诽谤的孩子不会产生一丝歉意，也没有任何安慰。他们甚至把被诽谤的孩子看作是某部电影或电视剧中的人物。

第三个原因是"报复"。每个孩子都有自己讨厌的人。那个人可能比孩子受到更多的称赞，或者那个人的行为让孩子受到刺激。有时，那个人不过是随意说了一句话，却会引起孩子内心深深的愤怒。这个时候，孩子就会选择不易被人察觉的手段进行报复——诽谤。诽谤那个人的瞬间，孩子不仅能够缓解自己的不满，还能够伺机制造让那个人更难堪的局面。例如孩子可能会这样诽谤别人：

"英民小便后不洗手。所以，他的手碰到的地方都很脏。"

谣言一旦在朋友之间流传开来，在接下来的一年之内都会对其他孩子产生影响。其他孩子会觉得英民很邋遢，不想跟他一起玩。看到这种情况，想要报复的孩子便会获得一种满足感。

但是一个孩子受到诽谤，并不总是因为很多孩子同时诽谤他。诽谤往往是由少数几个人开始的，之后范围渐渐扩大。辱骂或打架等行为很容易被发现，老师只需在合适的时机进行适当的处理就可以，相对而言比较容易。

然而，面对诽谤这种情况，如果不能尽快干涉和处理，可能会让许多孩子受到伤害。这种伤害带来的影响以及孩子们之间的隔阂很难在一年内被消除。因此，如果看到有孩子表现出诽谤别人的迹象，班主任需要马上介入，确认谣言是否属实。班主任积极处理造谣事件，会有效减少教室内诽谤现象的发生。

⚬ 受家人影响的孩子们

为什么少数学生会选择诽谤别人，让整个班级萦绕在这种不好的氛围之中呢？理由很简单——他们看到、听到有人这样做。在跟学生聊天的时候，有的孩子曾说：

"爸爸是个不负责任的人。"

孩子有可能根据自己的感受说出这种话。在这种情况下，孩子会说自己亲身看到、感受到的东西，口气上会表露出自己特有的情绪。但是大多数情况下，孩子们说这种话的时候，我感受不到他们自己特有的情绪，他们说话的语气更像是"有人曾经说过这种话"。一般来说，孩子身边的人（爸爸、妈妈、奶奶、阿姨、叔叔……）说过这些话的可能性很高。实际上，有孩子曾经对我说过，是谁对他说过这种话。

"妈妈说，体育老师只是个代课老师。"

从父母的立场来看，对真正不负责任的人，说他不负责任，既不是说谎也不是诽谤。说体育老师是代课老师，可能只是说了一个事实，并不是说谎。可能父母恰好知道这个代课的体育老师，认为自己只是说了他的事情而已。

但说这种话的父母，他们内心的想法是不同的。说别人不负责任，

可能是一种间接性的报复；说体育老师是代课老师，可能是在拐弯抹
角地告诉孩子，如果你对体育老师不满意，偶尔跟他作对也没关系。
当然，这种话也可能是一种威胁——"你奶奶说妈妈的坏话，妈妈不
喜欢她，你也不要喜欢她"。

即使不能好好教育孩子，也要给孩子树立榜样

在孩子面前批评别人的时候，父母要考虑一个问题："我对那个人
怀有什么样的感情。"对于自己想要批评或指责的人，如果不能产生
任何共情、没有任何关爱，或者是丝毫不希望他过得很好，那这种批
评或指责就会成为"诽谤"。

如果深爱着对方或对其有所期许，出现矛盾的时候，人们大多会
直接跟当事人交流，没有必要执意告诉第三个人。特别是告诉孩子，
根本得不到什么好的建议。大多数人的目的不过是"诽谤别人"而已。

父母是孩子的第一任老师。父母如果想做好孩子的第一任老师，
就需要发挥好自身的模范作用。即使没有时间好好教育孩子，但只要
能为孩子树立榜样，父母在孩子的教育中也能够发挥 90% 以上的作
用。父母们可能会这样想：

"工作生活中压力太大了，得找个对象发泄一下，缓解

压力。"

是的，事实可能确实如此。但是在孩子面前还是克制一下为好。想要真正解决问题，需要拿出勇气，与当事人面对面地交流。我们并不希望我们的孩子像我们现在一样，因为承受压力过着诽谤别人的生活。相反，我们希望我们的孩子能够堂堂正正、无愧于心。因此，父母需要从自我开始改变。如果我们拿不出勇气，我们的孩子就无法成为更好的人。

06

压抑
孩子情绪的话

> 任何情绪都有其存在的理由。我们要学会调节
> 自己的情绪，这种调节有一个需要关注的焦
> 点，那就是我们需要区分什么时候应该释放情
> 绪、什么时候应该暂时克制情绪。

我们对情绪的认识

听到"情绪"这个词，你的脑海中会浮现出什么样的画面？如果觉得画面难以描述，那我们换个说法，你会联想到哪些词？你是否能够联想到 10 个以上与情绪相关的词呢？我希望你先尝试一下，是否能够联想到一些与情绪相关的词，再接着往下看。心理治疗中有一种使用"情绪卡片"的疗法。情绪卡片中包含的内容大致如下，其内容过多，在此我只简单提几个。

生气、开心、抑郁、厌烦、紧张、伤心、期待、充实、

不耐烦、害怕、委屈、惆怅、茫然、绝望、羡慕、惊讶、孤单、羞愧……

在韩国，如果能够轻松联想到 10 个以上与情绪相关的词，这样的人就可以被称为"情感丰富的人"。情感丰富的父母更容易了解和接受孩子的情绪，这类人可以忽略这一部分内容，直接阅读后面的部分。

但是，联想到 10 个与情绪相关的词并没有想象中那么容易。因为一直以来大多数人都认为"情绪"并非是一种积极的表现，而是一种消极的表现。在韩国，大多数人认为"情绪化"是一个贬义词，而且他们也这样教育孩子。结果是，相比于正视自己的情绪，人们更习惯选择克制。实际上，感性先于理性。甚至在做决定的时候，感性发挥着更重要的作用。

《EBS 焦点新闻》节目中曾经进行过一个试验。在 A、B 两个房间中放上许多果酱，然后让人们去选择。A 房间的果酱标签上写着果酱的成分，如含糖量、盐分、热量、浓度等，是一些客观的（理性的）信息。B 房间的果酱上贴着一些感性的词，如发涩、爽口、不快、幸福等。试验的目的是，观察哪个房间中的人能够更快地做出选择。试验结果显示，在理性控制下，人们做出选择平均花费的时间是 2 分 8 秒，感性控制下的平均时间约为 1 分 50 秒。换句话说，感性控制下的人能更快地做出决定。这意味着，感性先于理性，让人更容易做出选择。

○ 情绪对我们的生活产生巨大的影响

在生活中，虽然多数情况下我们会在情绪的驱使下做出选择和决定，但是我们并不觉得这种情绪真的很宝贵或者很重要。相反，我们往往觉得意气用事会让我们把很多事情都搞砸。因为，我们一直觉得情绪并不重要。现在，我们应该改变这种想法，情绪真的很重要。理由很简单，人活一世，必然要体会各种各样的情绪。

反复表现出暴力倾向的孩子，他们只有在感到愤怒和生气的时候，才能够得到身边人的关心，才能够切实感受到自己的存在。所以他们经常沉迷于这种情况而不能自拔。如果人际关系中出现什么问题，我们经常会说"真伤感情"。而面对理性问题时，人际关系并不难处理。相反，理性问题更容易得到解决。有逻辑可循，谁都能按照客观方法完成的事情并不难。但是，即使通过理性的方式完美地解决了问题，如果不能调整好自己的情绪，在我们心中，事情也就远远没有结束。如此，情绪对我们的生活产生巨大的影响。

令人遗憾的是，大多数成年人受到的教育是，"情绪"是需要忍受、忍耐的。而且他们在不知不觉中以同样的方式教育孩子。或者是以完全相反的方式，教育孩子"不能压抑情绪，无论如何都要宣泄情绪"。这两种教育方式的本质是相同的，就像硬币的两面一样。可实际上，情绪既不需要忍耐，也不需要宣泄。

我们首先要承认情绪的存在。对于自己内心的情绪，我们要承认"内心开始出现小情绪了"，然后开始思考处理情绪的办法。如果克制情绪，在许多情况下，我们都会感到自身的存在被否定。

○ 压抑孩子情绪的话

任何情绪都有其存在的理由。我们要学会调节自己的情绪，这种调节有一个需要关注的焦点，那就是我们需要区分什么时候应该释放情绪、什么时候应该暂时克制情绪。在这种调节情绪的过程中，我们最需要的是"读懂情绪"，也可以叫作"理解情绪"。但大多数情况下，在孩子的情绪需要被读懂或者被理解的时候，父母却会说一些让他们备受打击的话。

"你做对什么了，在这里发神经！"

"别跟个傻子一样一直哭，说句话啊，说话！"

"你现在没时间喜欢别人，你要集中精力好好学习。"

孩子们从上面这些话中体会到的是，自己的情绪并不重要。在做出判断，认为自己的情绪并不重要的瞬间，孩子们会认为自身的存在也不重要。因为孩子们觉得自身充斥着一些无关紧要的东西。其实，下面这些话带给孩子们的感受也没有太大的区别。

"哭、哭、哭，使劲儿哭。"

"别管他，让他喊，什么时候心里舒服了什么时候停。"

"让他闹，闹到气消为止。"

这些话虽然没有压抑孩子的情绪，但其造成的结果是一样的。这些话相当于告诉孩子，"你心里的情绪都是垃圾，要全部掏出来扔掉"。最终，孩子会觉得自己的情绪无关紧要，自身充斥着这种无关紧要的东西，所以无论如何都要凭借自己的力量清空它们。此外，还有一些对话，既不压抑孩子的情绪也不是随口说说。但是，这种对话对孩子并没有任何帮助。

"你哭了？为什么哭呢？"

"你生气了？为什么呢？因为什么生气呢？生气就能解决问题吗？"

"跟朋友吵架，你心里很难受？所以不能吵架，要通过对话解决问题。"

"伤心是没用的，问题要一个个解决。"

大多数情况下，我们关注的不是情绪引发的问题，而是解决问题的方法，这也是因为我们认为情绪不重要。这种观点向我们传递出一种信息：要尽快整理好情绪，回到理性的状态。换言之，这就好像是在说，"你的情绪并不重要，需要尽快寻找逻辑上的、理性的解决方案"。同样，我们也不会重视孩子的情绪。

感受并承认我们此时此刻的情绪

压抑情绪、释放情绪、尽快回到理性状态，这些方法对于调节情绪没有任何帮助。有助于调节情绪的第一步是，接受"情绪很重要"这一事实。

> "看来你很生气啊，也确实是没法不生气。那么……你什么时候最生气呢？"

我们要让孩子们看到，我们对他们生气这件事感同身受，更关注他们真实的情感状态。在这个过程中，我们只需要告诉孩子"调节情绪时要注意分寸"，即产生哪种情绪的瞬间应该如何调节。孩子们不可能马上学会如何调节情绪。但是，孩子们能够感到自己的情绪被尊重，知道情绪可以通过适当的方式表现出来。认识到情绪能够适当调节之后，孩子们就会更有安全感。

"我的情绪可以由我自己调节"，这种意识会成长为一种强烈的"自我调节感"，对孩子自尊心的形成产生积极的影响。希望大家一定要记住，情绪并不是"压抑、放任、解决问题"的过程，而是"承认、调节"的过程。

07

沉着冷静的态度，
也可能伤害孩子

沉着冷静的态度，也可能伤害孩子，这是因为
父母冷静的态度，会让孩子感到一股强烈的被
控制感。

沉着冷静的态度，并非都能带来温暖

我一般利用午餐时间跟学生谈心。有一天，六年级的敏英跟我说，
想在放学之后跟我谈心。听到这句话，作为班主任的我感到一阵紧张。
因为一般来说，需要等到放学之后再谈的，都是一些难以轻易解决的
事情。

班里的孩子都离开后，教室里空荡荡的，敏英对我说：

"老师，一回到家，我就感到窒息，好像快要死了一样。"

听到敏英这么说，我好像也感到一阵呼吸不畅，感到胸口发闷、疼痛。因为敏英说这些话的时候，她的表情和语气冷静得令人窒息。正常情况下，说出这种话的时候，人的眼泪会哗哗地往下流，面部表情也会扭曲，显得特别痛苦。

但是敏英的脸上没有任何表情。敏英跟我说过，她妈妈说自己非常郁闷的时候，语气非常平静。但此时此刻，敏英说话的语气跟她妈妈如出一辙，只是她自己并不知道这个事实而已。敏英已经不再是敏英了，妈妈冷静的语气和沉着的表情已经将敏英淹没。那种冷静和沉着之中，散发出一股寒气。

沉着冷静的态度，并非都能带来温暖。沉着冷静如果能够带来温暖，让人如沐春风，这会产生非常好的效果。但是很多情况下，这样的态度只会让人感到冷漠。如果过度克制想要发火的情绪，最终会让其他的情绪都被压抑，剩下的只有冷漠而已。这样不仅不会带来温暖，更不用期待能够让人如沐春风。这种情况好比是，江底清凉的水本应汩汩流动，但是由于温度过低，最终却结成了硬邦邦的冰块。

一些家长说话时的态度非常冷静，这意味着他们能够控制自己的情绪，进而控制自己的行为。然而，情绪不能被控制，只能进行调节。控制自己情绪的人，会按照自己的标准要求他人，最终会转变为操纵他人，因为只有这样，他才能获得安全感。保持冷静的背后，隐藏着一种强烈的压迫观念：既然我不生气，你也不能生气。

○ 控制情绪的冷静之毒

控制情绪表现出的冷静态度，本身也可能伤害孩子。从父母的立场看，他们没有大吼大叫，没有打孩子，也没有辱骂孩子。他们认为，自己拿出极大的耐心与孩子交谈。所以，站在父母的角度来看，他们不会感到愧疚，因为他们表现得十分冷静。

但是这对孩子而言却是伤害，为什么呢？

打个比方来说，我们情绪激动，手里攥着一把刀，胡乱挥舞。如果被刀扎到或割到，我们身上自然会留下伤口。一不留神，甚至可能会危及生命。相反，我们拿着刀，并不随意挥舞，而是冷静地、慢慢地、深深地刺入皮肤，结果会怎么样呢？不管是哪种情况，刀刃都会留下伤口，甚至可能危及生命。不管是突然剧烈地挥刀，还是用刀慢慢地、深深地刺入皮肤，刀始终是刀，无论什么情况，刀都会留下伤口。

留下伤口的原因，不是冷静还是不冷静，而是"拿着刀"还是"没有拿刀"。虽然说话时态度非常沉着冷静，但给孩子带来更大的恐惧、让孩子感到更无助的情况比比皆是。我们假设父母说出下面这些话时，态度都十分冷静。

> "妈妈这么累，都是因为你啊。"
>
> "失去妈妈，你该怎么活下去。"
>
> "是谁让妈妈这么痛苦呢？"
>
> "就考了这点分数啊。"

“呃……也就这样吧。”

沉着冷静的态度，也可能伤害孩子，这是因为父母冷静的态度，会让孩子感到一股强烈的被控制感。就好比是孩子被刀刺到的时候，也无法产生抵抗、反抗，甚至逃跑的念头。

受到这种情绪控制的孩子，无法读懂班里其他孩子的情绪。因为他们几乎没有任何机会从父母那里学习，如何通过观察表情和语气了解一个人的情绪。最终，他们无法了解朋友是生气、忧郁，还是开心。所以他们也无法推测，自己的行为和话语会对他人的情绪产生怎样的影响。

特别是，每当看到有朋友在旁边哭，孩子也不懂得去安慰的情景时，我脑海中总会闪现出一个可怕的念头。如果孩子在这种状态下长大成人，如果这样的孩子位居高位，需要对别人负责，那他们的下属真的会感到非常窒息。

○ 无论何时，都要先表达情绪

“每个人都执着于那些让自己的态度合理化的想法，而拒绝那些产生阻碍的想法。”

这是心理学家阿尔弗雷德·阿德勒（Alfred Adler）的著作《对

于故步自封的自己》中的一句话。要沉着冷静地对待每一件事,这种想法不过是让自己的态度合理化的一种手段。对这样的人而言,真心并不重要。他们拒绝那些对自己产生阻碍的感觉和情绪,把目的放在第一位。但是在沉着冷静地处理事情之前,我们需要先做一件事。即我们需要先表达出自己的情绪,然后沉着冷静地开口说话。

"你竟然背着妈妈偷偷玩手机……(你违反了和妈妈的约定,妈妈生气了。)很遗憾,你这两天不能再玩手机了。"

上面这句话中,括号里的部分描述的是情绪表现,表现出妈妈生气的情绪以及暂时必须收回手机的惋惜之情。至少,这一部分从情绪上表现了妈妈此时此刻的心情。从这种情绪表现中,孩子能够感受到温暖。即使孩子的手机被没收,这种温暖也能够防止孩子受到伤害。

08

让孩子
自责的话

对这些孩子而言，"自责"并不是承认自己的
错误，而是在事情发生之前提前做出的一种
"解释"。

主动道歉的孩子 VS 掩饰错误的孩子

人人都会出现失误，都会犯错。尤其是孩子，更容易犯错。一方面，孩子即使知道那样做不对，但是意志力不够坚定或者难以进行自我调节，这些都会导致他们犯错。而且有时孩子也会因为对某种情况不熟悉而犯错。另一方面，孩子并不知道自己会犯错。有时孩子并不知道自己做的事情是错的。当父母或老师发现孩子做错事时，看到大人们严肃的表情，孩子们能够直观地感受到：

"我做错事了。"

孩子还小，总会出现失误、会犯错。但是当孩子知道自己做错了，或者他们的错误被发现时，他们会表现出相同的反应吗?

并不会。孩子会表现出各种不同的反应。因为错误被发现的瞬间，他们会突然感到害怕，表现出各自的应对方式。值得注意的是，当面对这样的情况时，主动道歉的孩子和不道歉的孩子，他们之间的心理健康状态存在着很大的差异。主动道歉的孩子，虽然他们的表情显得很害怕，但他们说出的话却非常简洁。

"对不起。"

"我以后不会这样了。"

"我做错了。"

"是我做的。"

主动道歉的孩子，即使犯错了也没关系。他们能够自我纠正错误，能够客观地看待自己。我们甚至可以认为他们能够调节自己的情绪。而且他们也有面对错误的勇气。主动道歉，是一件非常难得且伟大的事情。但是也有一些孩子说的话，听起来像道歉，然而跟道歉却完全是两码事。

"我也没有办法。"

"好像是我干的。"

"我不是故意的。"

"一不留神就那样了。"

这些话听起来好像是在承认自己的错误，但从心理学角度来看，这更接近于在逃避责任。实际上，孩子们能够启动这种程度的防御机制还算是一种比较好的情况，至少他们没有直接否定自身的行为。但在某些情况下，由于太过慌张，孩子们可能会说谎或者是歪曲自己的记忆。而这种情况出现的频率还很高。

"是孝恩做的。"

"我记不得了。"

"不是我做的。"

"我不知道。"

"英秀先开始的。"

"敏哲让我做的。"

掩饰或否认自己的错误，或者把责任推到别人身上，都意味着孩子非常紧张。这里所说的紧张，并不单纯指因害怕被批评而产生的紧张，而是指对别人的信赖度较低，从而感到不安。这种紧张感比大人想象中的更加严重，日常生活中无处不在。如果能够清楚地知道自己会受到什么惩罚，孩子反而没有那么紧张或不安，因为他们能够推测出这种惩罚需要持续多长时间。真正令他们感到焦虑、高度紧张的，是不知道这种状况什么时候能够结束。所以，他们才会紧闭双眼，逃避责任。

◯ 自责的孩子与父母的情绪表达

高度紧张的孩子有一些比较明显的特点，问题发生时，他们很难正视当前的情况。如果问题比较严重，他们会瞬间陷入恐慌之中。通常情况下，他们会把责任转嫁给他人，或者无所顾忌地否认或歪曲事实。还有一点需要注意的是，他们对待日常生活的态度也有所不同。即使没有出现任何问题，即使没有犯错，他们也会经常启动防御机制，这就是"自责"。

"因为我是个傻瓜。"

"每次都是我搞砸的。"

"我还是不行。"

"我怎么能行呢？"

"我好像失误了。"

"好像有点难。"

"真的很无语吧。"

"我太傻了。"

为什么会这样呢？为什么孩子没犯错，平时却经常说这样的话呢？对于孩子而言，这不过是针对早晚会犯的错误提前进行解释而已。孩子在犯错之前寻求别人的谅解："我是这样的人，所以如果我犯错了，还请您原谅。"对这些孩子而言，"自责"并不是承认自己的错误，而是在事情发生之前提前做出的一种"解释"。

孩子把自责当作自己的防御机制，这种行为的背后往往隐藏着父母的情绪。上面提到的孩子自责的话，完全可以看作是父母表达自己情绪的话。

"你就跟个傻子一样。"

"每次都是因为你。"

"果然……你还是那个德行。"

"这事你能行？"

"你这次再犯错试试。"

"这么简单的事都做不了？"

"真让人无语。"

"你怎么这么蠢。"

这时，父母们会说：

"这些话都不能说，那我怎么教育孩子？"

◎ 让孩子感到尊重和信任的话

我充分理解父母的心情。父母也有情绪，父母的忍耐力也有限。但对孩子而言，父母的话举足轻重。被朋友骂"傻瓜"跟被妈妈说"像个傻瓜一样"，这两种情况对孩子产生的影响是截然不同的。大多数情况下，如果朋友这样说，孩子会反抗，会跟朋友吵架、会生气。但如果妈妈这样说，即使孩子表面上好像生气了，但最终只会默默忍受。

要想说出尊重、信任孩子的话，妈妈首先要有对微小的情绪进行细致调节的意识。当孩子看到妈妈为了"我"调节自己的情绪时，他们就会感到被尊重。

心情好的时候，谁都可以说出"我爱你"这句话。当孩子意识到自己犯错时，如果听到妈妈对自己说这句话，便能从中感受到关爱。父母说的一些话，能让孩子感觉自己的存在非常重要，而父母说出这些话其实并不困难。

当孩子犯了错，不知如何是好时，父母可以尝试对他们说：

"没关系。"

09

让孩子对世界
失去信任的话

我们通常认为，"信任"的反义词是"质疑"。
但是从心理层面来看，"信任"的反义词是"别
有用心"或"另有企图"。

父母口中不相信孩子的话

通常，为了拉近与孩子的距离，作为班主任的我有一个习惯，我
喜欢细心观察他们的文具盒——文具盒里隐藏着真正的孩子。为了能
够更好地了解孩子，翻看他们的书包也是一个不错的选择，但是孩子
们的书包大多都拉着拉链，班主任也不能随意打开。与书包不同，课
桌上的文具盒大部分都开着，所以比较容易观察。即使文具盒关着，
打开文具盒也很容易得到孩子的谅解。我一般会在经过孩子身边时说：

"文具盒真漂亮，我能打开看一看吗？"

"你的笔袋真特别。竟然还能卷起来！"

"哇，文具盒里装了这么多有趣的东西啊！"

看到老师对自己的文具盒感兴趣，大多数孩子都会开心地把文具盒拿给老师看，也感到非常自豪。老师想看自己的文具盒，这让孩子在潜意识中觉得老师关心自己。实际上，这确实是对孩子的一种关心。我会一脸好奇地问孩子关于文具的事情，或者是自言自语表达对某个文具的好奇。每当这时，孩子们就会滔滔不绝地开始介绍那个文具的"历史"。

"我还是第一次见到这种自动铅笔。要是老师小时候也有这种自动铅笔的话，我肯定也会买一支……"

"那支自动铅笔是我自己买的，旁边的是妈妈给我买的。橡皮不太清楚，家里有我就拿着了……"

通过跟孩子聊文具，就能很快了解孩子的情况，比如孩子在家里跟谁比较亲近，跟谁比较疏远，孩子的想法和价值观，等等。这种情况下，孩子们几乎不会启动防御机制，因此，很多时候，这样做的效果比跟孩子谈心更好。但是效果如此好的"文具盒话题"，偶尔也会有失灵的时候。敏静就是其中的一个例子。

"敏静啊，你的文具盒真特别，竟然跟面包一模一样。"

敏静二话不说就把她的文具盒放到了书包里。把文具盒放到书包里是一种很有象征意义的行为。一般来说，人在对即将到来的事情不太满意时，才会做出快速且让人尴尬的反应。把文具盒放到书包里的情况就是如此。

孩子把文具盒放到书包里，拉上拉链，这标志着孩子已经开启强势的防御机制，把自己隐藏在对方无法接近的地方。说得严重一点儿，这也是一种攻击行为。受到攻击时，对方的心情会不爽，自尊心也会受伤，自然而然会打消继续靠近的念头。

"我只是好奇，你没必要非得把文具盒放到书包里吧？"这样追问孩子，会让孩子跟老师之间的距离越来越远。实际上，敏静把文具盒放到书包里，就已经说明她对班主任的"信任度"几乎为零。这时候，不管跟她说什么话，她都听不进去。

◌ 不信任，所以不相信眼前的情况

我们通常认为，"信任"的反义词是"质疑"。但是从心理层面来看，"信任"的反义词是"别有用心"或"另有企图"。在心理上不相信一个人时，我们不会说"不相信他"，而是会说：

"是不是有什么其他想法？"

"是不是有别的目的？"

"是不是在打什么小算盘？"

"是不是有什么小心思？"

"肯定背着我在盘算什么。"

敏静可能认为，班主任（我）想拿走文具盒里的某个东西，或者觉得老师认为带着面包形状的文具盒上学并不合适。重点是，不信任某个人的时候，很难单纯看待对方的行为。这会让自己产生一种错觉，对方做的事一定有其他的目的。

◌ 相信孩子，正确对待孩子的行为

父母说的一些话，会让孩子对他人、对世界失去信任，而这些话离我们并不遥远。如果父母经常说一些怀疑孩子行为的话，最终就会导致这种结果。下面这些话就属于这一类。

"你是想继续玩才说自己疼的吧？"

"你是不想去辅导班才这样说的吧？"

"是不想写作业才这样做的吧？"

"是不是为了瞒着妈妈才故意这样的？"

这些话会让孩子对他人变得越来越不信任，如果这种情况反复出现，严重时很有可能发展为"偏执型人格障碍"。会让孩子觉得那些带着好意接近自己的人都是另有计划、别有目的的。甚至，孩子会根据自己的想象编造、散播谎言。最终，孩子不仅无法与他人形成良好的人际关系，甚至会把身边的人当成敌人或者是攻击的对象。最终，孩子在这个世界上只能孤军奋战，愤怒、发狂则成为常态。

为了避免出现这种状况，父母应该持有的最基本态度是"关注行为本身"，不要刻意认为孩子有什么样的计划或企图，只需要关注眼前发生的事情。即使发现孩子在装病或者隐瞒什么，暂时也不要揭穿。

"肚子疼吗？先休息一下吧，如果还不好的话，我们就吃药。"

如果像上面这样回应孩子，大多数情况下，孩子不用吃药肚子就不疼了。"有人相信我说的话"，单凭这一点，就能让孩子产生安全感，这种安全感会带给孩子信任感。在不安的状态下，孩子无法产生信任感。如果孩子感到不安，他会觉得世界上所有的人都另有所图。

"如果能理解孩子'想象中的不安',

对话就会变得很轻松。"

Q. 孩子"想象中的不安",从字面意思来看并不是客观存在的"不安",前面加上了修饰语"想象中的"。这到底是一种什么样的不安呢?

我们说心里感到"不安"时,一般都会有让我们感到不安的原因。但是,"想象中的不安"指的是,现实中没有造成不安的原因,却仍然能够感受到不安。或者是,现实中有让人产生不安的原因,但是过度地感受到不安。理解孩子们想象中的不安,会非常有利于我们跟孩子进行交流。

Q. 即使现实中没有造成不安的原因,但还是能够感受到不安,或者是有让人产生不安的原因,但是过度地感受到不安。小学生经常会遇到这种情况吗?

与其说小学生经常会遇到这种情况，不如说每个孩子都有"想象中的不安"，这种说法更准确。一般来说，让小学生感到不安的因素有很多。例如，因必须与朋友、老师打交道而担心自己不会说话，当前新冠肺炎疫情的流行导致孩子担心自己会被感染，面对暴力事件担心自己得不到保护，等等，这些都会加重孩子心里的不安。我们可以认为，"想象中的不安"是所有不安中最基本的一种。

Q. 所有的孩子都有"想象中的不安"，这种情况很严重吗？

其实，我们不能单纯说"想象中的不安"这种情况很严重。只是孩子们需要渐渐摆脱这种状态，如果不能摆脱"想象中的不安"，一直处于这种状态，最终可能会引发很严重的问题。

Q. 请您举几个具体的例子吧，那样更容易让人理解。

例如，在学校里老师提问时，正常情况下，孩子应该会举手回答。但有一个孩子非常想回答问题，他却不举手。然后他自己开始想象："我太矮了。我们老师那么高，那么帅。老师是不会喜欢像我这种个子矮、长得又不好看的学生回答问题的。老师应该喜欢英熙那种长得漂亮、个子又高的学生回答问题。"做出这种判断之后，孩子就不会举手了。或者当这个孩子真的鼓起勇气举起了手，但偏偏这一次老师真的叫了英熙回答问题，那么，这时孩子的想象对于他自己而言就成了现实。"果然，我的想法是对的。老师喜欢叫英熙回答问题。"孩子会按照自己的想象行动，最终会把这种想象变成现实。

Q. 刚才举了一个在学校的例子。在家里以及日常生活中好像也会出现类似的情况。

是的。在家里，孩子更容易产生"想象中的不安"。例如，有一对兄弟，弟弟可能会这样想："妈妈更喜欢哥哥。因为哥哥学习好，我没有哥哥学习好，所以妈妈不会像爱哥哥那样爱我。"弟弟这么想象，然后某天被妈妈责备的时候，他会觉得自己的想象是对的。"看吧，因为我学习不好，所以妈妈才教训我。我的想法是对的。"

Q. 如果长时间无法摆脱"想象中的不安"，结果会怎么样呢？

如果"想象中的不安"成为思维定式，可能最终会导致孩子虐待自己。这里说的虐待自己并不是自己打自己，而是不想摆脱自己对自己的定性，会一直停留在那种状态中。而且孩子会这样想："好吧，得不到别人的关心，我也没什么办法啊。"更为严重的情况是，为了获得一些人的关心，他们会主动追随那些人。例如，即使遭到不合理的对待或者是被命令做什么事，他们也会心怀感激地接受。

Q. 听您这么一说，感觉这种情况比想象中的还要可怕。那么，为什么有些孩子会产生这种想象，甚至最后把想象当作现实呢？他们为什么要这样做呢？

您提的这个问题非常重要。事实上，只有清楚什么让孩子产生"想象中的不安"，才有可能阻止这种不安的出现。引起这种不安的主要原因是孩子有其他的需求。孩子本人独有的某种需求会让他们开始进行想象，而我们则需要找到孩子的这种需求。

Q. 让孩子进行想象的需求吗？那是什么？

上面提到的两个例子，表面上看起来讲的是不同的事情，但实际上两个例子表现的孩子的需求是一致的。想回答问题但不举手的孩子，表面上是想回答问题，实际上他们内心真正渴望的是老师喜欢他。但是这种需求没有得到满足，他便需要一个理由让自己接受这种情况。所以他就会想象，像"我"这种个子矮、长得不好看的人经常出现在老师面前的话，老师可能也会厌烦的。

妈妈更喜欢哥哥是因为哥哥比"我"学习好，这种想象背后真正的需求也是如此。最根本的需求是希望妈妈爱"我"胜过爱哥哥。如此，孩子们这种"想象中的不安"，大多始于渴望被关心、被爱。

Q. 那么，如果给予这样的孩子关心和爱的话，他们"想象中的不安"就会消失吧。

很遗憾，实际上并不是这样的。他们需要的不是关心和爱，而是"信任"。

Q. 他们需要的不是关心和爱，而是"信任"吗？为什么呢？

孩子产生"想象中的不安"时，即使给予他们关心和爱，他们也会认为这种关心和爱是海市蜃楼，随时就会消失。在他们的印象中，反正很明显老师更喜欢漂亮的英熙，妈妈更爱学习好的哥哥，对他们而言，这种短暂的关心和爱只不过是一种假象。所以，他们需要的是信任。"即使我个子矮、长得不好看、学习不好，妈妈依然会关心我，爱我"，只有这种信任才能使他们不再产生"想象中的不安"。

Q. 那么，如何向孩子传达这种"信任感"呢？

作为妈妈，不要继续抱着想要成为一个完美妈妈的想法，要让孩子知道妈妈并不完美。我们不能用理想妈妈的形象掩盖不完美妈妈的真正样子。

Q. 不能用理想妈妈的形象掩盖不完美妈妈的真正样子。不太理解这句话是什么意思。

是这样的。妈妈心目中都有一个理想的自我形象。每个妈妈都有"作为妈妈的理想目标"，比如作为妈妈至少要为孩子做些什么事情。比较典型的想法是"我要平等地爱我的孩子"，这是妈妈理想中自己的基本形象。但是遗憾的是，人不可能对不同的人拥有完全相同的感情。所以面对孩子时，妈妈不需要对孩子隐瞒自己的情绪，拼命扮演理想妈妈的角色，而是需要让孩子看到一个真实的妈妈。

"你哥哥学习好，我感到很开心。但是我并不是因为你哥哥学习好才喜欢他。即使成绩不好，我也一样喜欢。对你也一样。虽然你学习不好，我不开心。但是这并不影响我喜欢你。"

这是我们需要对孩子说的话。同时，我们也可以告诉孩子，希望他不要强求妈妈做一个理想的妈妈。

Q. 希望孩子不要强求妈妈做一个理想的妈妈，这是什么意思呢？

因为哥哥学习好，妈妈感到很开心，妈妈没有必要因为弟弟而隐藏自己的开心。如果孩子产生"想象中的不安"，他们有时会按照自己的方式想要控制父母。他们会说："妈妈只喜欢学习好的哥哥，妈妈本应该同样喜欢我们的。"听到这种话，父母一般会突然愣住吧。其实没必要，理想的妈妈只不过是一种虚幻的假象。面对想要通过理想妈妈的标准控制妈妈的孩子，只需要简洁明了地告诉他们就可以。

"妈妈现在很开心，希望你能够尊重妈妈的这份开心。"

这种清晰的表达方式，会在孩子的潜意识中扎根——"我"也需要别人尊重"我"的情绪，尊重"我"的喜欢或讨厌，而且孩子也会逐渐变得成熟。孩子能够区分妈妈此时的表现是因为情绪而不是因为爱。之后，孩子就会停止自己的想象，正确对待眼前出现的事情。

Q. 养孩子还真不是一件容易的事呢。关于孩子"想象中的不安"，请您整理一下重点吧。

当以理想的自我形象约束他人或自己时，人们便会开始产生"想象中的不安"。"至少妈妈该成为怎样的妈妈，至少孩子该成为怎样的孩子"，当这种理想的自我形象与骨感的现实相遇时，为了找到合适的理由，人们便开始展开想象。

当我们能够承认现实与理想的差距，当我们能够变得坦率，当我们不再隐藏自己真实的形象，而是敢于对现在的状态负责时，我们就不会展开想象。希望大家能够记住，如果对丈夫、妻子、孩子经常说"作为丈夫，你至少要……""作为妻子，你至少要……""作为妈妈，你至少要……""作为爸爸，你至少要……""作为孩子，你至少要……"，这时家中就已经开始弥漫着"想象中的不安"。当孩子觉得，"家里有妈妈，有爸爸，有我，这就够了"，"想象中的不安"就不会出现在孩子的世界之中。

第二章

摧毁亲子关系的话

比较和歧视，
让孩子感到羞耻的话

在成长过程中，孩子们经常会在不经意间听到别人说"作为男人""作为女人"应该如何如何。长此以往，孩子们会产生一种错误的认识，如果自己的行为不符合这种标准，就应该感到"羞耻"。

让孩子感到羞耻的话

孩子们在情绪激动时，会非常生气地说出下面这种话：

"他说我胖。"

当被别人嘲笑时，一些孩子会生气地跑到班主任那里告状，这种情况还是比较好的，因为这样的孩子至少能够表达自己的情绪。不管通过哪种方式，如果能够表达内心的情绪，说明我们拥有调节情绪的能力。但如果我们不具备调节情绪的能力，导致情绪无法释放，最终情绪就会成为一种压力。别人嘲笑我们胖，我们会生气，这正是因为我们有"羞耻心"。羞耻心的力量比我们想象之中更强大，不管是谁，如果感到羞耻，就会变得非常痛苦。

有一次，敏静的运动裤上沾上了红色的颜料。一群男同学看到后，聚在一起"哧哧"地笑，他们开玩笑地说：

"你们看敏静的裤子，她的卫生巾是不是漏了啊？哈哈哈！"

敏静没有听到男同学说的话。但是吃午饭的时候，敏静的好朋友孝利告诉了敏静这件事，听到这句话的敏静直接趴在座位上哭了起来。她低着头，止不住地哽咽，让人感觉特别可怜。她说：

"根本不是他们说的那样……我现在真想直接去死。"

只不过是裤子沾上了红色的颜料而已，敏静没有做错任何事。即使沾上的不是颜料，而是经血，敏静仍然没有做错任何事。即便如此，敏静却趴在座位上哭泣，甚至说她现在真想直接去死，这说明"羞耻心"的力量十分强大。我把那群口无遮拦的男同学狠狠地批评了一顿，把敏静叫到办公室安抚她，却没有丝毫作用。敏静沮丧地说：

"男生之间肯定都传开了。"

在成长过程中，孩子们经常会在不经意间听到别人说"作为男人""作为女人"应该如何如何。长此以往，孩子们会产生一种错误的认识，如果自己的行为不符合这种标准，就应该感到"羞耻"。

"男人怎么能因为这点儿小事就害怕呢？"

"男孩子要大方一点。怎么能这么小气！"

"男孩子应该跟男孩子一起踢足球，怎么能一天到晚跟女孩子玩。"

"女孩子要坐得端庄一点，你这是什么样子，跟个男孩子一样……"

"女孩子应该穿裙子。天天就只知道穿运动裤……"

"女孩子的房间怎么能这么乱糟糟的？"

跟孩子说话时，尽量不要说"作为男人"或者"作为女人"应该如何如何。否则，每当孩子做出不符合这种标准的行为时，这些话就会让孩子对自己感到羞耻。而且，这些话会让孩子陷入无边无尽的痛苦之中，最终孩子可能会"遍体鳞伤"。羞耻心的力量非常强大，足以让一个人的生活陷入无尽的挫折之中。

实际上，适当程度的"羞耻"有助于提高自我调节能力。做出不恰当的行为或者说错话会让自己感到羞愧，这种想法有利于控制自身的冲动或欲望。但是，超出自身控制能力的羞耻感会让人逃离人群。如果一个人认为世上不存在能够让自己轻松呼吸的地方，那他便会陷入极度的抑郁之中，甚至会做出一些极端的选择。前面提到的例子中，敏静说"男生之间肯定都传开了"，无论这句话是否属实，它都表现出敏静极其悲凉的心情，这让她在学校的任何地方都感到窒息。

◌ 包含比较的话语，让孩子产生挫败感

近年来，韩国的小学不再举行期中考试和期末考试，而是以过程评价的形式总结孩子们在学校的表现。大部分学校为尽可能保护孩子的自尊心，不再采用分数这种评价形式。但是，我们并不能错误地认为，孩子学习成绩之间的比较已经消失了。因为许多孩子都会上辅导班，辅导班会举行等级考试。大部分辅导班按照英语、数学的等级考试成绩分班，每个班级混杂着不同年级的学生。有些孩子一直没有上辅导班，等到五六年级的时候，父母觉得该让孩子学习了，就把孩子送到辅导班。这些孩子参加完等级考试后，有的会跟三四年级的孩子分到一个班里，一些孩子就会觉得这样的自己非常可悲。然而，有些父母却觉得这是一个很好的机会，认为这样能够激励孩子更加刻苦学习。他们通常会说：

"没关系，虽然辅导班上得晚，但你能跟上。"

这句话就好像在说，你比别的孩子开始得晚。而且这会让孩子们认为，学习是一个赶上并超过别人的过程。经历过这种比较，孩子们在刚开始学习的时候就会体验到挫败感，认为学习是一件十分无聊的事情。

○ 孩子的羞耻感来自大人说的话

孩子的羞耻感并非来自孩子的内心。爸爸、妈妈、爷爷、奶奶、叔叔、姨妈、老师等，这些在孩子心目中说话有分量的人所说的话，可能会让孩子感到羞耻。

"作为男孩子，你至少应该……"

"你已经五年级了，至少要……"

"最起码，女孩子……"

"但是，个子……"

"我们家，至少也得出个医生……"

孩子需要的不是"至少""最起码"这些话，而是"家里只要有你就足够了"的表情、眼神还有动作。上面这些包含比较和歧视的话，会让孩子感到羞耻。

心理学家布琳·布朗（Brene Brown）教授 20 年来一直在研究羞耻、脆弱性、完美主义、焦虑等课题，她在著作《让自己更好》的序言中写道：

"羞耻感来自外部世界，来自我们的文化灌输的信息和期待。"

相比于增强孩子的自尊心，避免让孩子感到羞耻，才是更加困难的事情。

假借体罚和管教之名
伤害孩子的话

体罚既不是"管教"，也不是"教育"，只不过
是一种"暴力的行径"而已。认为体罚可以教
育孩子，不过是找借口使"暴力"正当化罢了。

○ 孩子并不是任父母摆布的玩偶

许多童话故事都描述了受继母虐待的孩子们：灰姑娘小时候备受
继母和继母两个女儿的羞辱，并在她们的欺凌下一刻不停地做家务；
汉塞尔和格莱特最终被继母赶出家门，只能在山中徘徊①；白雪公主差
点被继母毒死。韩国经典童话《大豆鼠和小豆鼠》中，主人公也遭到
继母不公平的对待，甚至可以说被虐待。

每当听到这种故事，我都觉得非常讽刺。因为在现实家庭中，体
罚和虐待孩子的大多不是继母，而是亲生父母。

---

① 德国童话故事。

韩国国会立法调查处发布的《2020国政监查热点分析》报告书显示，虐待儿童事件中，发生在家庭中的占比76.9%（2018年）。其中，父母为加害人的情况中，亲生父母占比为73.5%，继父母占比不过3.2%。

儿童在家中受到虐待，而且大部分始作俑者竟然都是父母，这是为什么呢？这是因为父母对体罚存在错误的认识。他们认为，体罚是父母与生俱来的权利。别人绝对不能打"我"的孩子，但"我"却可以借着管教的名义随意对待孩子。

事实上，父母打孩子或者虐待孩子是潜意识中的"所属"观念在作怪，即认为孩子"属于我"。事物也好，人也罢，一旦被认为"属于我"，就会沦落为任"我"摆布的对象。

◎ 伴随体罚而来的命令

2020年6月，韩国的儿童保护组织"救助儿童会"针对1000名青少年（14~18岁）进行了一项手机问卷调查。根据调查结果，23%的受访儿童表示，最近一年至少受过一次以上的体罚。该团体对受过体罚的孩子进行了追加调查，询问孩子对于体罚的想法和感觉，得到的结果如下：

"讨厌，心烦"——26.4%

"委屈"——20.7%

"不应该体罚"——18.5%

　　"感到羞愧"——4.8%

　　"我做错了，所以才被体罚"——29.5%

　　"体罚让我改正了错误"——1.4%

　　以上问卷调查结果，其中有一组孩子让我感到特别惋惜。那就是占比为 29.5%，认为"我做错了，所以才被体罚"的孩子。这些孩子把受到体罚的原因归结到自己身上，不管在什么情况下都站在父母的角度考虑问题。换句话说，这些孩子已经失去了反抗的意识，默默习惯了不公平的对待。另一方面，对于那些认为体罚让自己改正了错误的孩子来说，则可以理解为恐惧压制了他们做出不必要行为的冲动。

　　一般情况下，父母在盛怒之下体罚孩子时，经常会说出一些命令孩子的话：

　　"趴下！"

　　"别动！"

　　"哭什么哭？不许哭！"

　　体罚会给孩子们带来身体上的痛苦，而这些命令性的话语又会使孩子的自尊心迅速降到谷底。父母对孩子的评价，会使孩子理所当然地认为，自己就是父母口中的样子。孩子之后要想恢复自身的存在感，就会变得非常困难。即使孩子运气比较好，能够意识到自己并没有父母评价的那么不堪，但是对于如此评价自己的父母，他们会感到愤怒和生气。然后，孩子又会因为自己对待父母的态度而感到自责，进而开始寻找某种能够让事情变得合理的方法。

最终，大多数孩子的状态是，以一种异样的眼光看待自己和他人。在受到体罚之前，那些命令性话语会让孩子认为自己是一个"被控制的玩偶"。对孩子而言，这种认识本身就是一个难以摆脱的创伤。

体罚带给孩子的不是教育而是恐惧

体罚造成的基本影响是让孩子产生"恐惧感"。孩子们觉得，如果自己做错事或者说错话就需要承受"体罚"带来的痛苦，那么他们会利用这种"恐惧感"来压抑自己，同时控制自己的行为。这种控制虽然表面上看来让孩子的行为产生了变化，但孩子的内心却丝毫没有发生改变。相反，孩子们压抑的情绪会以其他方式爆发。例如，遭受校园暴力的学生往往会成为其他校园暴力事件的加害者。

遭受体罚的瞬间，孩子们感受到的"恐惧"会在他们心中留下深深的伤口。这种恐惧会让孩子们觉得自己不仅不安全，而且随时可能面临死亡的威胁。在这些孩子看来，自己只能生活在体罚之中，因此，无论如何都要与体罚自己的父母保持紧密的关系，以此来减轻自己承受的痛苦。

这里提到的紧密关系，其中包含着孩子们一种深深的紧张感，即无论如何都不能离开父母的视线。这样的孩子不知道如何与他人"分离"。最终，他们很有可能过分执着于跟他人的关系。此外，还有一些话虽然听起来并不是要体罚孩子，但却能够产生类似体罚的结果。

"看来真得教训你一顿，才能打起精神来，是吧？"

"要是在以前，你早不知道被打多少次了。"

"我说几遍了，还不改？真是想挨顿揍啊！"

虽然没有体罚孩子，但这些话让孩子们感觉自己随时可能受到体罚，这足以让孩子们感到恐惧。最糟糕的情况是，这短短的一句话，可能会在瞬间击溃孩子们一直以来拥有的"信任"和"安全感"。

教育界有许多与体罚相关的讨论，甚至还有以《体罚的教育效果》为题的论文。但是，"体罚的教育效果"，这句话本身就自相矛盾。体罚既不是"管教"，也不是"教育"，只不过是一种"暴力的行径"而已。认为体罚可以教育孩子，不过是找借口使"暴力"正当化罢了。在很长一段时间里，用体罚来教育孩子貌似成了一种约定俗成的观念，体罚可能会产生教育效果，这只是一种错觉，却被一些人当作是一种正确的观念。

○ 首先应该抛弃体罚和体罚时说的话

2019 年，韩国保健福祉部发表的"儿童生活现状调查"显示，接近 40% 的父母认为孩子需要体罚。这个结果从侧面说明了，父母们也是在这种体罚体系中长大的。体罚不是"暴力"，而是"教育"和"管教"，我们在不知不觉中受到这种错误观念的侵蚀。

许多心理学家说过，父母不能将自己的欲望强加到孩子身上。令人惋惜的是，那些说孩子需要受到体罚的父母，他们还没有达到谈论欲望的阶段。受体罚观念的影响，父母们现在似乎进入了一种没有欲望的状态。由此可见，父母们最先要做的事情便是抛弃体罚观念。时至今日，我们还在讨论孩子需不需要体罚，这样的现实让人感到非常无奈。韩国对体罚观念的认识，目前还停留在中世纪时代。

在体罚孩子的过程中，父母对孩子说的话都会给孩子带来伤害，我们却注意不到这一点，经常对孩子说：

"妈妈打你，是为了让你以后过得好一点。"
"妈妈惩罚你，是不想让你变坏。"

这些话只会削弱孩子抵抗的意志，对孩子本身的成长没有任何帮助。渐渐地，不管是谁对孩子做出不恰当的言行，孩子的反应都一样。

"都是为了让我以后生活得更好才这样的吧？"

我再强调一遍，体罚不是教育，只不过是一种暴力的行径而已。

贪心的父母
说的话

贪心的父母的第一个特征是控制孩子的情绪。
另外，还有一种贪心的父母，他们只关注自己
的需求和情绪。

父母的贪心超出对孩子的期待

贪心的人无法细心观察身边的情况。他们一旦沉迷于某件事情，
就完全不会考虑其他的事情。除自己想要的东西，他们把其他所有的
东西都看作是一些碍手碍脚的累赘。

在孩子的事情上，父母不可能不"贪心"。从积极的意义上来讲，
这种贪心叫作"期待"。孩子们能够感受到父母的这种期待，而且他
们自己也渴望能够满足父母的期待。父母对孩子的期待并不属于贪心。
当觉得有人对自己抱有期待、相信自己具备相应的能力时，孩子们能
够获得力量。

问题是，过度的期待会转变为贪心。对于一般人来说，期待和贪心很难区分。大多数父母认为，自己对孩子抱有的是"期待"，几乎很少有人认为自己"贪心"。然而，出人意料的是，区分期待和贪心的方法其实很简单。"期待"和"贪心"是不同的。对一个人抱有期待，当对方没有达到这种期待时，人们最先感受到的情绪是"遗憾"。"遗憾"并不会给孩子留下伤害。

贪心则不同。自己的贪心得不到满足时，人们最先感受到的情绪是"生气"。这种生气的情绪会给孩子带来伤害。我们经常会以生气的表情和口吻对孩子说：

"你就只能做到这样吗？"

"妈妈不是说过吗？为什么就是不听妈妈的话呢？"

"就因为你这个样子，妈妈走到哪儿都抬不起头来。"

表露在外的生气的情绪，会在心理上削弱对方的存在感。如果父母经常生气，在某一个瞬间，生气会转换为愤怒，这种愤怒会让孩子感到恐惧。父母在释放愤怒的过程中，经常会对孩子说一些侮辱性的话。最终，父母贪心的后果是孩子丧失自尊心。当父母的贪心得不到满足时，在父母看来，孩子表现得十分糟糕、一无是处。

妄图控制孩子情绪的父母

评判父母是否贪心，主要是看他们对待孩子的"情绪"和"需求"时的态度。贪心的父母会想要把孩子的情绪和需求变为自己的东西。刚开始，父母自己认识不到这一点，因为他们一直认为：

"父母所做的一切都是为了孩子。"

贪心的父母的第一个特征是控制孩子的情绪。换句话说，贪心的父母无法接受孩子的情绪和需求不符合自己的要求。这样的父母不仅会控制孩子的情绪和需求，甚至会利用孩子的情绪和需求来满足自己的情绪需求。实际上，这样的父母可以说是在对孩子做出一些"不道德的行为"。

如果父母把自己的贪心看得比孩子的情绪和需求更重要，那么当这种情况反复出现时，孩子们就会显得"无精打采"。因为在孩子们看来，自己的情绪、自己的需求、自己想做的事情，这些都不重要。如果问这些孩子"你想要什么"，他们大多数会这样回答：

"随便什么都好。"

"妈妈跟我说，要⋯⋯"

○ 只关注自己需求和情绪的父母

另外，还有一种贪心的父母，他们的贪心也与需求和情绪有关。但是与前面提到的父母不同，这种父母只关注自己的需求和情绪。前面的例子中提到的父母，他们强迫孩子的需求和情绪与自己的保持一致，但我们现在要说的父母丝毫不关注孩子的需求和情绪。他们只关注自己的需求和情绪。

只关注自己需求和情绪的父母，他们的孩子总会感到"被冷落"。日本动画片《千与千寻》完美地描绘了这种父母的形象。《千与千寻》中有一个场景，主人公千寻的父母在一家餐厅里忘我地吃东西，但吃着吃着却变成了猪。这部影片的制作公司在介绍这个场景的寓意时说道：

"千寻的父母由于贪吃变成猪的场景，表现的是 20 世纪 80 年代日本经济衰退期间人们的贪念。"

看到这个场景，我的感觉是，只关注自身需求的父母让主人公千寻感到孤独。

○ 极度自恋的父母说的话

这种父母大部分都极度自恋。父母越自恋，越容易沉迷于自己的需求和情绪中，很容易让孩子感到孤独。这种父母说的话一般都比较简洁。

"你自己看着办吧。"

"这种事你应该自己看着办。"

"你自己看着办吧",并不是父母为了培养孩子们的独立能力而说的话。它真正的含义是"我没时间为你这点事费心"。父母说这句话的目的是,最大限度地确保属于自己的时间和空间。如果费心关注身边的情况,就无法集中精力处理自己的事情,所以父母希望孩子能够赶快独当一面。在周围的人看来,这样的父母好像非常会教育孩子,把孩子培养得很独立,但是只有孩子自己知道,他们一直很孤独。

这些孩子的特点是,他们会在其他事物中寻找存在感,以此来缓解自己的孤独。因此,很多情况下,他们都会陷入一种"上瘾"的状态。游戏上瘾相对而言还是比较好的情况。糟糕的是,他们可能为了获得归属感而乱交朋友,或者是陷入恋爱关系无法自拔,甚至是吸毒。而且在这种极度孤单的状态中,他们甚至会出现"自残"行为。

◌ 父母意识到自己贪心的过程

如果父母非常贪心,他们的孩子要么会显得无精打采,要么会沉迷于某种事物无法自拔。这种情况并不罕见。一般来说,拥有"贪心"的父母,孩子会因为孤独感到窒息。如果想要摆脱这种局面,父母的自省非常重要。父母们需要留给自己"休息"的时间，来思考"我理想中的生活、我最纯粹的需求是什么"。当答案逐渐变得明晰起来，父母们便不会再一味地紧追着孩子，而是会对自己说：

"原来我是想要重新开始工作，成为一个独立的职业女性啊。"

"原来我是想要辞掉这令人厌烦的工作，实现自己未完的美术梦啊。"

"原来我是想要尽情地环游世界，结交新朋友啊。"

如此一来，父母便会把实现这些愿望的具体责任转移到自己身上。相反，如果父母把自己的愿望强加到孩子身上，就会引发许多问题。父母会对孩子说：

"你一定要进一个有发展前途的大公司，成为一个有能力的领导。那样你会幸福的。"

"学美术吧。多酷啊。当个艺术家，尽情展示你的才能吧。"

"去环游世界，增长见闻吧。"

上面这些话一点错都没有，而且这些话也为孩子勾画出了一个美好的未来。但是，这些话表现的却是父母自身的愿望。

孩子也有自己的愿望。父母如果想要区分自己的愿望和孩子的愿望，第一步是要给自己留出"休息"时间以便自省。父母至少要保证一个月中能有一天，拥有自己专属的"时间"和"空间"，这是一件十分重要的事情。

另外，父母还需要拿出一些时间，来追寻自己未曾实现的愿望。当父母将自己的愿望和孩子的愿望区分开，与孩子的对话就开始了。之后，孩子的孤独感便会消失。对孩子而言，拥有能够认可自己愿望的父母，是一件让人十分安心的事情。这样的孩子不会再沉迷于某种事物中不能自拔。因为追寻自己纯粹的愿望更加快乐。但这一切都始于父母的"自我对话"（在了解自身愿望的状态下说出的话）。

孩子学习时
听到的伤自尊的话

许多家长都有一种错觉：当孩子们说自己下决
心要做某事的时候，他们已经确定好了目标。
但其实他们并没有确定好目标，只是想让家长
知道，自己已经下定决心了。

怀疑孩子的话和破坏亲子关系的话

五年级的英真对学习基本不感兴趣，这并不是说他学习能力不足
或者落后于其他孩子。他上课时注意力还是挺集中的，只是还没有养
成良好的学习习惯。放学回家后，相比于拿出时间学习，他更喜欢把
时间花在他认为有趣的事情上。他的学习动机还处于未被激发的状态。

可是暑假过后，到了秋季学期，英真在日记本上写下了下面这些
话。这些话让人感觉他的学习态度好像发生了一些转变。虽然不知道
他为什么会写下这些话，但是如果英真的父母看到，肯定会觉得英真
特别懂事。

"第二学期到了。第一学期考砸了，第二学期一定要好好学习，考个好成绩。"①

距离期末考试还有很长一段时间，所以一般来说，刚开学就谈论考试的孩子非常少。但是英真在新学期一开始写的日记中就提到了考试。这说明他受到了某种强烈的刺激，或者是发生了什么足以让他产生学习动机的事情。他重重的笔迹中甚至透露出了一种悲壮感。大约一个月后，在数学单元检测中，英真的分数比上个学期还要低。于是我问他：

"英真啊，我觉得你好像已经下定决心这学期要好好学习了……这次的单元检测是有点难吗？"

"不是，是因为我妈。"

"为什么呢？"

"我妈天天在我耳边吵着学习学习，让我觉得很烦。我现在不想再学了。"

按照英真的话来说，他真的下定决心要好好学习。他从辅导班回到家时感到有点累，所以打算休息一下再继续学习，但每当这个时候，妈妈就会走进房间对他说：

---

① 韩国春季学期为第一学期，秋季学期为第二学期。——译者注。

"辅导班的作业做完了吗？"

"这就躺下，不打算学习了？"

"你打算玩手机玩到什么时候！"

英真说，他真的就只打算休息10分钟或者5分钟，然后继续学习。或者是在手机上刷一两个小视频，让脑袋清醒一下，然后真的开始好好学习。但是，在听到妈妈那令人寒心的话的瞬间，英真决心好好学习的内心就会变得很烦躁。这种烦躁的心情会持续一整晚，最终，英真就变得十分讨厌学习。或许，父母可能会认为：

"既然下定决心了，不管别人说什么都应该努力学习。终究还是因为不想学习，所以才感到烦躁，不是吗？"

许多家长都有一种错觉：当孩子们说自己下决心要做某事的时候，他们已经确定好了目标。但其实他们并没有确定好目标，只是想让家长知道，自己已经下定决心了。对孩子而言，重要的不是确定好的目标，而是自己下定决心这种懂事的"想法"。从孩子的立场来看，自己已经发生了很大的转变。以前不管谁说什么，"我"都不会产生学习的想法，现在却下定决心学习，单凭这一点就会让孩子觉得非常自豪、非常了不起。因为在孩子们看来，他们正在改变自己。

明明自己改变了心意，做出了这么巨大的转变，但是父母还在怀疑自己，把自己的决心贬得一文不值，每当这时孩子就会生气、烦躁。如此，对孩子而言，父母非常冷漠且不近人情。这样，看不到孩子的巨大转变，或许也是理所当然的事情。

"又在休息？打算什么时候学习啊！"

"怎么天天就只知道玩手机？"

"我不是说让你做完作业再玩折纸吗？"

许多父母打开孩子的房门时会说出上面这些话，因为他们亲眼看到孩子在玩。所以他们会"怀疑"打开房门之前孩子也在玩，关上房门之后孩子仍然在玩。而从孩子的立场来看，妈妈认为自己在房间里的所有时间都在玩，这短短几句话就否定了自己这段时间的努力，这样的妈妈令人十分讨厌。如果这种情况反复出现，几乎没有孩子能够再次下定决心埋头学习。

○ **无论在多么细小的事情上，都要认可、相信孩子**

假设我们下决心要改变自己，如果我们跟身边的人说这件事时，得到了他们的认可，那我们就非常有可能得偿所愿，因为他人的认可会增强我们的自尊心。

但是当我们下决心要改变自己时，如果最亲近的人怀疑我们，那我们就会变回老样子。这样，下定决心的自己反而会显得自不量力，我们的自尊心就会受挫。

在学校里，学习成绩好的孩子们有一个特点，那就是对于学习似乎并不感到厌烦，而是在无意之间一直学习。如果有人在不经意间看到这些孩子学习的样子，可能会觉得他们是真的喜欢学习。但其实大多数孩子对学习并没有什么感觉，他们只是在规定好的时间内做完规定好的作业，昨天如此，今天如此，明天亦如此。他们之所以能够这样坚持下去，是因为他们在某天下定决心要这样做的时候，身边有人相信他们。得到了这种信任，他们学习时的心情就不会很糟糕。然后他们明天也会在同样的时间、同样的地点反复做同样的事情，以此来维持别人对自己的信任。

但是在现实生活中，不喜欢学习的孩子更多。当孩子下定决心好好学习的时候，如果家长第一时间表示怀疑，孩子们内心的烦躁之情就会喷涌而出，而这反过来又像是证实了家长的怀疑一样。

对小学生而言，学习并不是一件有趣的事情。但孩子对学习不感兴趣，也不应该被责罚。

希望父母们不要错过能够激发孩子学习动机的瞬间。抓住这一瞬间的方法其实出人意料地简单——打开孩子的房门，什么话也不要说，再安静地把房门关上。就好像是妨碍了孩子的休息，心怀歉意地静静关上房门就可以。身边有信任自己的人，能让孩子们获得自我思考的时间，这个时间虽然短暂却很有意义，能够让孩子们尝试下定决心好好学习。

05

情绪激动时
说出的话

*父母说话的声音越大，孩子在潜意识中越容易
产生无力感。这种无力感会把孩子变成一个毫
无存在感的人。*

跟孩子越聊越生气的父母

我曾经发表过一次演讲，主题是"一个小学生的妈妈说的话"，内容是关于妈妈与上小学的孩子之间的对话。我当时从妈妈的声音对孩子的大脑产生的影响开始讲，主要讲的是日常生活中父母与孩子对话时的困难。当我讲到"跟孩子对话的次数越多，父母越容易生气"的时候，台下家长的眼睛都亮了。看样子，许多家长都觉得我是在讲他们的事情。

妈妈的话（声音）对孩子大脑的发育起着非常重要的作用。这里所说的重要作用并不仅仅指积极的作用。妈妈说的话，对孩子大脑的

发育可能产生积极的影响，也可能产生消极的影响。

有一次，我受首尔市某区教育厅的委托，再次发表了相同主题的演讲。因为新冠肺炎疫情的影响，演讲改为线上举行。相比于现场演讲，线上演讲的方式不受空间的限制，更多的人可以通过网络参与其中，我也能够接触到更多家长，因此演讲结束后我收到了更多的提问。看到打在聊天框里的问题，我吃了一惊，父母们对于"生气"的苦闷和疑问比我想象之中还要多。许多家长表示，经常对孩子生气让他们感觉很累。

演讲结束后，很长一段时间里，聊天框中一直弹出新的问题。我不停地为家长们解答疑问，但直到活动结束也没能解答完全部问题。现场演讲结束后，往往只能听到少数几个人的问题，但是通过聊天框收到的问题能够把许多人的疑问汇总在一起，让人一目了然。

对于跟孩子交谈时会生气这件事，相当多的家长感到非常苦闷和自责。特别是，如果生气时对孩子大吼大叫，事后父母们往往会感到非常后悔。有时候，父母们会从提高说话的音量，渐渐转变为辱骂孩子。甚至有的父母过于生气，以至于大吼大叫或者扔东西。跟孩子在一起的时间突然变长后，父母们反而在很多方面都无法适应。

◎ 随着与孩子共处的时间变长而生气的父母

演讲过程中，让我印象深刻的是，许多父母说，和孩子在一起的时候并没有想象中那么开心、幸福。甚至一些平时不怎么生气的父母也坦言，和孩子在一起时会经常生气。在没有做好准备的状态下，和孩子在一起可能会迅速提高父母的"生气指数"。

那些提出问题的父母大多数是一些职场人士，他们一直以来忙于工作，疏于照顾孩子，对孩子怀有深深的歉疚感。但当真正跟孩子在一起的时间变长后，他们反而发现自己很容易生气。在没有准备好的状态下，和孩子在一起的时光，反而成为父母宣泄怒气的时间。

怒气比想象之中来得更加突然。尤其是怒气一旦开始显露，从生气的表情、语气到大吼大叫，花费的时间并不长。仅仅几分钟甚至几十秒钟，所有的怒气便会宣泄而出。然后，父母们就会陷入一种不知如何是好的状态中。

◌ 学会调节怒气很重要

生气属于情绪的一种，是从内心深处涌起的一股强烈的情绪。情绪会在本人意识不到的时候出现。这意味着，情绪的出现本身是不可避免的。但是许多学生家长所提的问题背后，都隐含着下面这种愿望。

"有没有什么方法能让父母在与孩子聊天时不生气？"

没有什么方法可以阻止一个人生气，但是如何合理地释放自己的怒气却有法可循，即人们可以调节自己的怒气。当然，这种调节也需要遵循一定的法则。

第一，确保父母与子女的关系日后可以恢复。有些父母偶尔会这样想：

> "即使我再怎么冲孩子发火，父母和孩子间的关系哪有
> 不能恢复的？"

真的可能无法恢复。很多情况下，父母与孩子间的关系破裂后，裂痕持续的时间比我们想象中的更久，甚至一生都无法弥合。如果想要日后能恢复与孩子之间的关系，父母至少要避免做出辱骂、讽刺、突然大吼大叫、体罚（殴打）等行为，父母只有避免做出这些行为，才能让孩子自己平复内心的伤口。如此，父母与子女之间的关系也能够恢复。

第二，明确告诉孩子自己生气的原因。

与父母想象中的不同，许多孩子经常不知道爸爸妈妈为什么生气。明确告诉孩子自己生气的原因时，父母需要注意到，我们告诉孩子的目的是让孩子改正错误，而不是为了责备孩子。为了责备孩子而生气，只不过是宣泄父母的情绪而已，除此以外，没有任何意义。

第三，父母说的话要简洁明了。

"怒气"跟火苗一样，越点越着。不管因为什么理由生气，父母只需要点出孩子应该改正的部分就可以，此外不需要说其他的话。其他的话只不过是生气这一情绪的"排泄物"。这些"排泄物"会让孩

子注意不到自己什么方面需要改正，或者是让孩子把注意力集中到寻找宣泄对象上。最终，通过暴力宣泄情绪的方式便会代代相传。

○ **生气会让自己无法摆脱消极情绪**

父母的怒气会通过表情和语言显露出来，当怒气的强度超过孩子自身的恢复力时，就会让孩子感到恐惧，在孩子的内心深处留下伤口。问题是，孩子根本不知道应该如何治愈自己的伤口。虽然刚开始伤口很小，但是如果得不到治疗，随着岁月的流逝，伤口最终会转变为孩子难以承受的病痛。如果父母生气，最大的受害者是孩子。四十多年来一直从事临床研究和心理治疗的治愈心理学家布伦达·绍莎娜（Brenda Shoshanna），在她的著作《情绪也可以设计》中写道：

"表现出绝望、抑郁、无力、不安等消极情绪的人，他们的内心深处充满着'愤怒'。"

如果成为别人生气时的牺牲品，人们就无法摆脱绝望、抑郁、无力、不安等消极情绪。当这些人长大后，他们并不知道自己为什么会感到抑郁，不知道自己为什么会一直处于一种无力的状态，也不知道什么时候才能够变得更加坚强。有时，他们还会感到不安，甚至在某天突然患上恐慌症。

◎ 不要混淆"爱"和"占有欲"

我们天天嘴上说着"我最亲爱的孩子",但为什么却最容易拿孩子出气呢?因为我们混淆了"爱"和"占有欲"的概念。越是对孩子大吼大叫的人,越容易在潜意识中把孩子当作"自己的东西"。

希望父母们一定要记住一件事,父母说话的声音越大,孩子在潜意识中越容易产生无力感。这种无力感会把孩子变成一个毫无存在感的人。

06

控制孩子
情绪的话

情绪可以调节但不可以控制。情绪被家长控制
的孩子，大部分都会受到家长的"命令"和"指
示"的影响。

情绪被控制的孩子们

韩语"심부름（跑腿）"的词源非常有意思。它的'심'是由"힘
（力量）"转变而成的，"부름"是由"부림（役使）"转变而成的。两
者一结合，便是"힘부림（役使力量）"，表示利用别人的力量做自己
的事情。

我会让班里的孩子去跑腿，有时候这样做也是出于一种教育目的。
换句话说，有时候我让孩子去跑腿，并不是真的需要孩子去做这件事
情，而是为了观察孩子的表现。但我不会依据孩子跑腿时的表现来评
判孩子日常生活中的态度。对于孩子们基本的生活态度，我在教室里

已经有了充分的了解，没有必要通过让孩子跑腿来观察。

通过让孩子去跑腿，我想了解的是孩子的渴望和需求。当看不透孩子的渴望和需求时，我会让孩子跑腿，以此观察他们的情绪是否自然。孩子在关键时刻显露出来的情绪，能够真实地表现出孩子内心的状态。带着这样的目的，找一个让孩子去跑腿的机会，可能需要等好几天，因为需要等一个孩子非常兴奋的瞬间。在休息时间，当一个孩子和朋友玩得正开心的时候，我会突然叫到那个孩子的名字。

"哲民啊！去教务处领个黑板擦吧！"

玩得正开心，突然被要求去跑腿，孩子并不会十分心甘情愿。尽管如此，还是有很多孩子二话不说就去了。而且他们回来得非常快，为的就是想尽量多玩一会儿。但是从四楼跑到一楼的教务处，孩子们还没缓过气来，上课铃声肯定已经在响了。这是最需要用心观察孩子的时候。一般这个时候，孩子们会说：

"啊！这么快就到上课时间了。我还没开始玩呢。"

"跑了一趟腿，他们就结束了……啊，好可惜。"

"本来这次该轮到我了，跑个腿全泡汤了。"

"啊，真烦人！就我没玩成。"

孩子去跑腿的时候，多少还怀抱着一点点希望。如果快点去，如果事情进行得顺利，说不定还能回来玩几分钟。所以，孩子才会二话不说马上就去跑腿。但是当上课铃响，希望破灭的瞬间，孩子们会在不经意间发出夹杂着怨恨的叹息。这是孩子最真实的样子。孩子的内心想要玩耍，但当这种欲望或希望突然被一件意想不到的事情打断时，他们难免会暂时感到沮丧。

这时，孩子们说话的语气自然而然夹杂着叹息和遗憾，孩子也可能在不知不觉中冷不丁冒出一句轻微抱怨的话，表达对我这个班主任的不满，这些都是十分正常的反应，这毕竟是孩子自然的欲望。因此，孩子这样做是可以的，或者说是应该的。在这种时候，我也会等待孩子跟我说这样的话。

○ 不擅长表达情绪的孩子们

内心的需求得不到满足的时候，孩子能够表现出相应的情绪，这意味着孩子受到的伤害比较小。而且表现出相应的情绪也说明孩子的内心是健康的。开导这样的孩子，很容易取得效果。因为无论什么时候他们都可以回想起过去，展开内心的记忆，表达自己的情绪。

但也有一些孩子回到教室的时候，一句话也不说，安安静静地坐在座位上准备上课。当然，并不能排除有些孩子原本就喜欢上课，学习动力很足，然而大部分安安静静坐到座位上的孩子，其实是不擅长表达自己的情绪的。英民就是这样的孩子。我曾经故意跟英民说：

"因为忙着跑腿，没有时间玩，一定很遗憾吧！"

英民的回答非常简洁：

"没关系，这也很正常。"

事实上，从孩子的立场来看，这种事情并不正常，反而令人十分委屈、惆怅。自己玩得正开心，而且当时除了自己还有许多人，但只有自己去跑腿……正常来说孩子们应该感到非常倒霉或者完全无法理解。但看到这些孩子丝毫不感到惆怅、不觉得可惜的表情，我的内心涌上一股深深的惋惜之情。严格来说，这些孩子的情绪被控制了。情绪被控制，并不是说孩子主动克制、不想表达情绪，而是指孩子根本没有产生任何情绪。即使这些孩子遇到一些值得生气、发火的事情，他们的内心也不会产生任何波澜，就好像释放情绪的出口被堵住了一样。

◯ 生活在命令和指示中的孩子们

从表面上来看，情绪被控制的孩子们能够严格遵守规定，显得十分有礼貌，或者让人感觉非常稳重。但令人惋惜的是，这并不是孩子们最真实的样子。我曾经说过很多次，情绪可以调节但不可以控制。情绪被家长控制的孩子，大部分都会受到家长的"命令"和"指示"

的影响。实际上，在孩子很小的时候，这些父母就开始命令孩子，而且在日常生活中也渐渐地养成了这种说话的习惯。例如：

"回家吃饭！"

"去刷牙！"

"别玩了，去学习！"

在这个时候，如果孩子说不，父母们就会提高说话的音量或者大动肝火。在下达命令后，如果孩子表现得不耐烦或者不乐意，父母就会生气、责骂孩子，甚至最终会用武力让孩子屈服。如果孩子们适应了这种情况，他们就不会直接表现出情绪，甚至看起来像没有情绪。因为他们觉得，父母下达命令之后，如果自己表现出情绪上的反抗，就会迎来更加严厉的责骂。

◌ 对孩子说话时要懂得尊重孩子

父母需要注意，年龄越小的孩子，越不能命令。为此，父母需要提前告诉孩子接下来要做的事情。例如"回家吃饭"这句话，从妈妈的角度来看，孩子吃完饭还可以再去游乐场玩。但在孩子看来，这意味着妈妈叫他回家吃饭，不可以再玩了，孩子自然会表现得不乐意。因为妈妈在说完"回家吃饭"这种指示性话语后，并没有说吃完饭后可以做什么。

玩到一半突然被要求回家吃饭；玩之前，听到妈妈说"先玩一会儿，等吃完饭后再继续玩"。在这两种情况下，孩子的反应自然是不同的。

父母的话语中应该包含着对孩子基本的"尊重"。这种"尊重"并不是指要和声细语地跟孩子说话，而是要告诉孩子接下来要做的事情。这样一来，在听到命令之前，孩子们就会自然而然地接受那件事情。

"回家吃饭！"VS"吃完饭还可以继续玩！"

上面这两句话即使都用了感叹号，但它们带给孩子的感受是完全不同的。前面句子的感叹号犹如一根木棍，让孩子不知所措；后面句子的感叹号则像一个魔术棒，让孩子欣然接受。不命令孩子，温柔地向孩子解释之后要做的事情，能够保护孩子的情绪免受伤害。

"吃完饭还可以继续玩。哈哈，很开心。"

过度担心和牵挂
孩子的话

大部分父母口中负能量的话，其实始于对孩子的担心和牵挂，但孩子们却无法从这种担心和牵挂中感受到"无条件的爱"。

非常简单的话也能让孩子感受到无条件的爱

在给小学生家长做演讲的时候，通过家长的提问，我了解到许多家长感觉"调节愤怒"是一件十分困难的事情。于是，我开始查找有关"愤怒"的资料。一次偶然的机会，我知道了思想家亚伦·甘地（Arun Gandhi）。但在读他的著作《愤怒是生命给你最好的礼物》时，我很好奇亚伦·甘地"得到了谁的厚爱"。

大多数人对圣雄甘地（Mahatma Gandhi）比较熟悉。圣雄甘地被称为印度的圣人，而亚伦·甘地是圣雄甘地的孙子。亚伦·甘地一直记得与爷爷在一起的时光，后来，他在书中这样描述自己的爷爷：

"爷爷只是一个身材矮小、转动纺车的老人。"亚伦·甘地回想自己小时候，有一次为了去见爷爷，下了火车后，走了10公里路。当他跟爷爷说这件事的时候，爷爷对他说：

"你真了不起。"

爷爷说这句话的时候，拥抱了他，还在他的脸上亲了几口，这让他感受到了无条件的爱。亚伦·甘地还回忆道，对他而言，这种"无条件的爱"是自己最需要的祝福。

"祝福"在这里并不是日常生活中经常使用的普通用语。亚伦·甘地之所以用这个词语，表明他深切地感受到了这份爱，而这份爱也伴随他的一生。从他人那里得到过"无条件的爱"，单凭这一小小的记忆，就能对一个人的"自尊心"产生非常巨大的影响，而这对于主体自我的成长也发挥着十分重要的作用。圣雄甘地只是说了一句话，然后拥抱并亲吻了孙子，但这却让作为孙子的亚伦·甘地感受到了"无条件的爱"，也成为亚伦·甘地人生中重要的转折点。这到底是如何实现的呢？

◯ **让人感受到"无条件的爱"的"积极信号"**

当我们真正重视一个人的时候，实际上不需要花费太多时间就能注意到这件事，而且我们往往在瞬间就能明白。那么，孩子们会从哪里感受到"无条件的爱"呢？感受到"无条件的爱"，这并不是一件复杂、困难、深奥、难以理解的事情。因为"无条件的爱"来自一种小小的信号，只不过这种信号过于微小，难以让人察觉。甚至有的人注意到也会怀疑，难道"仅仅因为这点信号"？而这种信号就是"积极信号"。

圣雄甘地见到几年未见的小孙子亚伦·甘地时，注意到小孙子说的第一句话是：

"我是从车站走到这里的。"

小孙子说"自己走了 10 公里路来到这里"，这句话的本意是对自己感到自豪，同时想听到爷爷称赞自己。圣雄甘地明白孙子话中的含义，向孙子传递了"积极信号"：

"你真了不起。"

同时，爷爷拥抱并亲吻了孙子。如果圣雄甘地对孙子说出下面这句话，结果又会怎么样呢？

"这么累，干吗走路啊，直接打车过来多好。"

这样一来，或许，从爷爷这句饱含担心但却略微消极的话中，亚伦·甘地并不能感受到"无条件的爱"。

○ **饱含担心和牵挂的话，却无法让人获得"无条件的爱"**

我们通常认为，在日常生活中，正能量的话和负能量的话是完全对立的两种表达方式。大部分父母口中负能量的话，其实始于对孩子的担心和牵挂，但孩子们却无法从这种担心和牵挂中感受到"无条件的爱"。

因为担心和牵挂更深层的含义是"我不相信你"。作家郑周英创作了《哈佛前 1% 的秘密》，她在为《哈佛前 1% 的秘密（儿童版）》写的序言中说道：

"如果接收到消极信号，学生们学习时的记忆力会受到极大的损害。学生的注意力本应用在解决学习问题上，但接收到消极信号后，学生们的注意力却用来构筑心理防线。"

当孩子们说自己做了一件很难很累的事情并取得成功的时候，向孩子传递一种"积极信号"对孩子的未来更有帮助。我们要注意避免因为过于担心和牵挂孩子而说出下面这些话：

"做这件事挺累的，你做点简单的就行了。"

"没有必要非得那样做。"

"你做了这些，也不会有人知道的。"

"那个不怎么重要。把时间用在其他的事情上吧。"

对孩子说这些话的时候，我们并没有严厉地责骂、训斥孩子，也没有表现出愤怒，只不过掺杂着一点对孩子的担心。但这些话却向孩子们传递出一种"消极信号"，从这些消极信号中，我们的孩子无法感受到"无条件的爱"。对孩子而言，他们拥有的仅仅是不相信自己的父母而已。

"你真了不起。"

这句话真的没有想象中那么难以启齿。

08

评价和判断
孩子的话

内向的孩子不喜欢接触新鲜事物，并不仅仅是因为需要跟陌生人打交道。其深层原因中还包括"评价"这一因素，孩子害怕自己会成为别人评价的对象。

看不见的"评价"

有一些孩子特别害怕尝试接触新鲜事物，但父母却不明白孩子为什么会害怕尝试。因为在父母看来，这些事情都非常容易。另外，还有一些事情对孩子而言并不十分困难，或者并不十分辛苦，但他们同样会害怕。最后，父母们做出的判断是，孩子就是单纯不喜欢或者不感兴趣。

许多情况下，当孩子们对新鲜事物表现得犹豫不决时，与其说是因为他们觉得没意思或者不感兴趣，不如说是因为对未知的事物感到不安和害怕。父母并不知道孩子会害怕，他们只是站在自己的角度想让孩子体验各种各样的事物，这个时候他们一般会对孩子说：

"要学游泳吗？听说是 5 人一组，你就当是玩水，很有意思的！"

"有一家阅读书屋你去不去？去那的话，可以尽情地读很多有意思的书。"

"这个周末有一个历史体验活动。几个人一组，跟着历史老师一起出去，可以在郊游的过程中学习历史。"

"先去那个数学辅导班看看吧。听说那里数学教得特别好。你不是说想要学好数学吗？"

父母们按照孩子的喜好，绘声绘色地描述着这些非常有趣的事情。但是无论父母怎样努力，仍然会有一些孩子一听说要接触新鲜事物马上就会拒绝。他们的回答更加简洁一致，完全没有转圜的余地。

"我不喜欢。"

"我不去。"

"不去不行吗？"

从父母的角度来看，孩子的这些回答确实让人感到郁闷。甚至有些家长干脆不问孩子的意见，直接带着孩子参加各种活动，事后还在社交媒体上发照片，感觉很骄傲。这些父母很清楚，就算问了，孩子也会说不去，所以就先带孩子去体验一下吧。这样，大多数孩子会不得已开始尝试这些活动，如果运气好的话，有的孩子还会觉得其中一些活动很有意思。

孩子们说不想做什么，并不是因为那件事看起来没啥意思，而是因为需要跟陌生人打交道。对孩子而言，这本身就是一种负担，会让孩子倍感压力。韩国 70% 以上的孩子性格都很内向，所以孩子们不喜欢接触新鲜事物是一个很自然的现象。

◯ **平时无意间说出的"评价孩子的话"**

内向的孩子不喜欢接触新鲜事物，并不仅仅是因为需要跟陌生人打交道。其深层原因中还包括"评价"这一因素，孩子害怕自己会成为别人评价的对象。特别是在一些小事上一直被别人评价的孩子，他们在面对新鲜事物时表现得更加敏感。所谓细小的评价，指的是类似下面的这些话。

> "去了之后，有什么不懂的地方多问一下，知道了吗？"
>
> "去了以后好好学习，我们争取一个月后进入下一个阶段。"
>
> "要表现得积极一点，这样才能得到老师的关注啊。"

上面这些话都是父母平时经常说的话。许多父母并不认为这些话是"评价"。一般在父母的认知中，评价应该会谈及分数，或者是进行某种比较——谁比谁做得好或者不好。当然，上面这些话没有比较的含义，也没有谈到做得好或者不好，简单来说这些话的意思是：

"你努力了吗？"

遗憾的是，很多父母并不知道这种话是一种评价，经常随随便便就说出这种话。这种话甚至可能是一种最过分的评价，因为其中包含着一种不努力就是"犯错"的意思。另一方面，这种话也可能表示，孩子这段时间没有努力，或者是父母不相信孩子今后会努力。如果真的想表达"不需要太努力，重在参与"，那么父母应该转换一下说法：

"回来了？"

除此之外，不需要说任何话。对孩子而言，这句话不包含任何评价，这句话的意思是：重在参与。在没有妈妈的陪伴下，孩子凭借自己的力量做了一些事之后，顺顺利利地回来了。这里的重点是，孩子去的地方妈妈并不在，孩子能够独立地完成某件事。所以当孩子回家后，妈妈只需要像打招呼一样跟孩子说这么一句话就好，此外尽量不要说多余的话。在这种状态下，孩子会感到妈妈相信"我"，不会执着于对"我"做出评价。

○ 不包含评价的话语，能提高孩子的自信心

一般来说，面对评价，自信的孩子并不会表现得特别敏感。他们会根据自身情况选择是否接受评价，如果评价中有值得借鉴的地方，他们会虚心接受；如果有不对的地方，他们则会直接忽略。此外，提高自信心还会给孩子带来许许多多的好处。因此，一些家长会问：

> "我家的孩子一遇到老师提问就畏畏缩缩，有什么能够
> 提高孩子自信心的方法吗？"

这种问题背后隐藏的心理是：

> "先用自信武装好孩子，然后再让孩子做各种事情。孩
> 子比较自信，无论做什么都不会受伤。"

遗憾的是，这种情况是无法实现的。自信心并不是能够随意增强的东西，一个人的自信心来源于日常生活，也有可能因为日常生活中的某些事情而消失。父母的心理可能是想把孩子的自信心提高到最大值，然后不管对孩子说什么话，都希望孩子的内心不会动摇。很抱歉，这是不可能的。

"你今天在辅导班认真学习了吗？"

　　这句话也是一种小小的评价，能让孩子的自信心产生裂痕。其实，下面这种说法比较好：

　　"回来了？我们吃饭吧。"

　　上完辅导班，回到家就可以马上吃饭。生活在这样的家庭中，孩子的自信心才会提高，他们在面对评价时就不会表现得特别敏感。

09

只会让亲子关系
恶化的话

*不考虑孩子承受的压力，不经意间说出的话造
成的感情裂缝，比我们想象之中还要深。*

如果大人也要做没有答案的习题呢？

虽然每个学校略有差异，但是现在的学校基本不会给孩子留太多家庭作业。即使给孩子留家庭作业，也会适当调整作业的分量和难易度。这也是为了不让孩子的作业成为父母的作业。尤其是一些能够反映孩子平时学习水平的作业，一不留神就可能引起孩子们之间激烈的竞争，所以这些作业一般都不会让孩子回家做。

但辅导班的情况是不同的。只有给孩子布置足够多的家庭作业，才能让家长觉得这是一个负责任的辅导班。所以辅导班对学生的作业非常上心。不仅是作业，辅导班甚至为学生制作了可供参考的笔记。

这从某种意义上来说算是一种"会员制"——只有在该辅导班上课的孩子才能拿到这些辅导资料。如果不去辅导班，就拿不到这些辅导资料，这会让父母感到不安，担心自己的孩子会落后于其他同学。于是父母会交上昂贵的补习费用，让孩子上辅导班，最终的结果是买回几十万韩元的复印资料。

一些有名气的辅导班会把自己制作的习题集编成一个系列，并把这些习题集作为作业发给学生。这些习题集大多是复印之后用订书针装订好的。大部分习题集只有问题，没有答案和解析。没有答案的原因是，只有在该辅导班上课才能学习解题过程。因为没有答案，孩子们在做作业的时候只能绞尽脑汁、冥思苦想，而大多数问题的难度都很高。

对于那些辅导班以作业的名义布置的高难度数学习题，孩子们只能冥思苦想，寻找解题方法。与一些主动做题的孩子相比，更多的孩子只是硬着头皮追赶其他孩子学习的脚步。假如追赶上了，孩子通过自己的力量用心思考后解出问题，这种行为确实能对孩子的学习产生积极的影响。

问题是大多数情况下，辅导班的数学作业并不是只有一两道练习题。而且孩子们不仅要做数学作业，还要做英语和语文作业。另外，孩子们白天要去上学，放学后马上就得去辅导班，所以他们根本没有时间做作业。最终，他们只是大体浏览一下作业，然后在作业上做点标记，来证明自己曾经努力思考过。

又或者，上同一个辅导班的孩子们聚在一起互相抄作业。孩子们关心的并不是如何解决数学练习册上的问题，而是多少知道一点答案，避免去辅导班上课时被老师责问。

孩子们为了完成辅导班的作业绞尽脑汁，午饭时间都不出去玩，看到他们这个样子，我心里很不是滋味。当然，我并不认可抄作业这件事，但是从感情上我能够理解他们。我们的孩子为了完成辅导班的作业，承受着巨大的痛苦，这是一个不争的事实。

虽然在父母看来孩子们玩得很开心，但孩子们却很辛苦。单单是一份没有正确答案的作业，就会给孩子带来极大的心理负担。如果不只孩子这样，父母每天也要做没有答案的作业，那么他们会想一直上辅导班吗？

◎ 因为压力过大而产生负面情绪的孩子们

上面提到的辅导班作业的事情，其背后的原因是压力。孩子们因为辅导班的作业承受着极大的压力，这种压力比父母们想象中的还要大。在学校，孩子在休息时间或者午饭时间都没有办法玩，只是一味地抄作业。有些孩子甚至会说自己讨厌过周末，因为在学校里至少还有同学的作业可以看、可以抄，周末在家却只能自己做作业。而且就算是周末也得去辅导班上课。最终，高年级小学生已经对作业积攒了相当多的负面情绪。但是很多妈妈却不知道这一点，看到孩子回家就问：

"辅导班的作业做完了吗？"

在妈妈看来，这是一句很平常的话，但是听到这句话，孩子的表情一般都很难看。

"作业我会自己看着办的！"

作业都不做，还理直气壮。看到这种情绪烦躁的孩子，父母的心情自然不好。于是，父母会像往常一样开始发火。

"你知道到现在为止你上辅导班一共花了多少钱吗？"

之后，父母和孩子便很难再进行其他的交流。孩子的内心充斥着郁闷和愤怒的情绪。虽然孩子表现得很生气，但他们的内心却渐渐变得更加受伤。孩子们为了完成作业想尽各种办法（甚至抄作业），在学校里连玩的时间都没有，但是回到家却被怀疑没有好好写作业。甚至，家庭经济状况不好的主要原因也被归结为自己上辅导班。站在孩子的立场上，他们不知道应该如何是好。孩子的内心既委屈又郁闷，一点一点积攒着"怒气"。

在孩子难以承受压力之时说出不相信孩子的话

不考虑孩子承受的压力，不经意间说出的话造成的感情裂缝，比我们想象之中还要深。虽然孩子做错事，害怕受到责备，但是这种责备并不会伤害孩子的感情。而且这种责备也不会让孩子的内心积攒怒气。明确认识到自己的错误，反而能让孩子更快地整理自己的情绪。

问题是，在一些孩子自身难以承担或者做起来很辛苦的事情上，父母的不信任会侵蚀孩子的感情。在即使什么都不做也会承受压力的情况下，父母的追问会伤害孩子的感情。

　　"你是不是在学习的时候玩手机？"

　　"听说你昨天去辅导班迟到了，是去便利店买东西吃了吧？"

　　"你确定洗干净了？"

　　"都说过让你注意一下饮食！"

对于孩子承受的压力，我们要承认而不是批评

我们需要知道孩子平时承受着什么样的压力。只有这样，我们才能保护孩子的感情中比较脆弱的部分。为此，我们可以直接询问孩子。每个孩子都会给出各种各样的回答——辅导班、朋友关系、身高、体重、相貌、学习等，各不相同。

重要的是，对于孩子承受的压力，我们要承认，而不是批评或怀疑。我们要相信孩子承受着压力，只要做到这一点，就能让孩子感到自己没有白白浪费感情。

"给经常对孩子发脾气

而身心俱疲的妈妈们的建议！"

Q. 一般来说，妈妈们为什么会对上小学的孩子生气呢？

　　虽然令妈妈们生气的情况有很多，但这些情况有一个共同的原因，那就是明明已经说了好几遍，孩子还是会反复犯同样的错误。从妈妈的角度来看，这真的让人非常郁闷和生气。妈妈心情好时，这种事情说过就过去了，但是像最近新冠肺炎疫情肆虐，人人都处于精神紧张的状态下，妈妈很容易就会突然生气。生完气后，妈妈又会对孩子感到抱歉，心怀愧疚，非常后悔，这种情况现在经常出现。我们可以先这样想：妈妈可以生气。而且有时候你必须要生气。

Q. 有时候必须要生气吗？是什么时候呢？

　　当孩子明明知道会给别人造成伤害，但还是故意说谎或者编造事实的时候，父母是可以生气的。例如，因为对一个人不满，孩子就编造一些谣言，四处诋毁那个人，或者是把谣言散布到网上。这个时候父母就需要对孩子生气，批评孩子。但是很奇怪，遇到这种情况的时候，父母们却不怎么对孩子生气。他们会变得相当理性，并且会想：因为那个孩子对我的孩子做了什么坏事，孩子才这样的吧……无论如何，父母都想要理解孩子。但这个时候父母是应该生气的。只有这样，孩子才能深刻感受到自己犯了多大的错误，才能了解到这个错误的严重性。如果在这种时候选择理解孩子，偏袒他们，一直容忍孩子的错误，那么今后孩子可能会犯更严重的错误。

Q. 听您这么一说，父母们在该生气的时候选择忍耐，在该忍耐的时候反而选择生气，这种情况还挺多的呢。

在美术课上，小学一年级的孩子练习沿着直线剪纸，但孩子经常会把纸剪坏。我们该对这个孩子生气吗？

Q. 小学生还不太会用剪刀，当然不能生气。

对，没错。昨天跟孩子说剪东西要好好剪，孩子今天也不可能突然就剪得很好。同样，今天跟孩子说要安静一点，但孩子也不可能明天就改掉一直以来大声说话的习惯。当父母觉得内心不舒服的时候，一定要搞清楚哪些事情让自己反感。是孩子回家把鞋子脱下来随便扔到一边，还是孩子说话的语气很不耐烦？父母可以把这些令自己感觉不舒服的瞬间记录下来，然后在走路的时候、在坐地铁的时候慢慢思考一下，为什么我会对孩子的某种动作、说话的语气感到生气，是什么让我觉得不舒服。就像是工作中遇到的问题一样，在上下班的路上慢慢思考，几天之后，父母们会在一个完全意想不到的瞬间幡然醒悟。

Q. 什么样的醒悟呢？

很多时候，我们生气和不耐烦并不是因为孩子，而是孩子的某种语气、动作、表情等，让我们想起了令自己感到心烦的人。或者是我们已经因为其他原因变得很不耐烦了，孩子作为一个导火索，瞬间引爆了我们的怒气。

Q. 说实话，并不是所有的父母都很成熟，能好好调节自己的情绪。有时候，虽然不是孩子的错，但父母也会生气。这个时候父母该怎么办呢？

父母可以生气，但是一定要记得，不管怎么生气，有两件事情绝对不可以做。

第一是动手打孩子。紧紧抓住孩子跟用手打孩子，这两种行为产生的后果天差地别。例如，有个孩子瘫坐在地上耍赖。这个时候父母抓住孩子的两个胳膊把孩子扶起来，是想努力让孩子镇定下来。但是把孩子抓过来打他的屁股，却是一种宣泄愤怒的行为，并不是在保护孩子。孩子也会从中学到，可以通过打人来缓解自己的愤怒。

第二是辱骂孩子。父母生气的表情，并不会给孩子带来多大的伤害。孩子虽然会暂时感到害怕，但他们知道妈妈的情绪马上就会恢复，所以不会讨厌妈妈。但辱骂孩子会给孩子的内心留下伤口，终有一天孩子也会以同样的方式对待别人。

Q. 您说得很对，实际上您也说过暴力和辱骂是学来的。我们这一代人在成长的过程中，很少有人没有挨过父母的打，没有被父母骂过。但我们不能让我们的孩子也这样。所以，我们真应该学习一下如何调节自己的愤怒。

是的。整体来说，韩国人并不知道应该如何生气。大部分韩国人，刚开始都会选择忍耐，所以最后才会"积郁成疾"。韩国有句俗语——"忍耐三次，可避免杀人"，我们自小就被教育要学会忍耐。但是一直忍耐，我们就没有机会学习如何调节自己的愤怒。重要的并不是忍耐，而是学会如何释放自己的怒气。开心、伤心、讨厌、生气等都是情绪。情绪是一种感受，而这种感受最终会通过某种方式释放。如果我们能够感受到情绪，却不表现出来，那么最后只能是自欺欺人。

Q. 那么，如何才能做到理性地生气呢？

跟其他情绪不同，生气这种情绪是有目的的，即生气是为了解开心结，是为了解开自己对某件未决之事的心结。一般在三种情况下，我们能够不再生气。第一，接受或理解对方为什么做出这种言行的时候。我生气了，对方向我做了这样那样的解释。听过之后，我发现原来自己产生了一些误会。这样，我们就不会继续生气。第二，知道生气的原因在自己身上而不是在对方身上的时候，我们也不会再生气。第三，自己有理由生气，但是当他人承认自己的错误并道歉的时候，我们也会自然而然地不再生气。要想不再生气，我们必须至少要实现以上三点中的任意一点。

Q. 当我们面对孩子的时候应该怎么做呢？

父母们生气的时候需要暂时忍耐。表情会说话，孩子们都能感受得到。孩子们知道父母在生气，只是一直在忍耐而已。但一句话也不说，一味地忍耐并不能起到教育效果。在教育孩子的时候，特别是孩子年龄小，上小学一二年级或者还未上小学的时候，要告诉他们具体错在哪里。让孩子知道，他们做了什么事情惹得妈妈生气，这样他们才能改正错误。事实上，妈妈强忍怒气的样子对孩子而言也是一种暴力，会让孩子感到恐惧和紧张。妈妈一直在忍耐，不知道什么时候会生气，等待妈妈生气的过程其实最让孩子感到害怕，因为不确定"暴风雨"何时来临是最可怕的一件事情。

Q. 但人的"愤怒"并不总是慢慢积累的。很多时候，人们一冲动就容易生气，这个时候该怎么办呢？

这个时候最好先回避一下。突然发生了什么事情，让我们感到愤怒，这并不在我们的计划之内。我们的内心产生波动，进而表现在行动上，最长需要30秒左右的时间。在治疗易怒情绪的过程中，这30秒是非常重要的。在这30秒的时间内，我们要尽量回避一下或者是做一些其他的事情。这样，我们就会暂时摆脱危机。但是对于那些平时易怒的人而言，这并不是一件容易的事情。这样的人需要去看心理医生，接受心理治疗。

Q. 有没有什么方法能够让我们不那么易怒或冲动呢？

　　压力积攒就容易生气，因此，我们要学会释放压力。在韩国，人们主要通过感官产生的感受来释放压力，特别是通过吃、喝这样的方式，比较有代表性的就是"喝酒"。另外，韩语中还出现了"嗨皮星期五""吃播"等词，这也展示出韩国人在释放压力方面强大的想象力。这些方法其实都不错。问题是，这几乎是我们释放压力的全部方法。在释放压力这件事情上，我希望每个人都能依靠自己的兴趣，让自己获得情绪上的安慰。即使这种兴趣是一件非常小的事情也没关系。可能的话，我们可以营造一个持续的氛围，在特定的时间做着同样的事。上班路上听听音乐和广播，下班的时候散着步走到公交车站，或者是在周六下午的某个特定时间，做自己喜欢的事情。

Q. 生气会给别人带来伤害，看来父母更应该好好管理自己的情绪啊。

　　生气是为了解开心结，我们一般会在什么时候用到"解开"这个词呢？解开难题、解开鼻子不舒服的困扰（擤鼻子）、解开扣子、解开谜题等，我们一般会这样用。生气，意味着内心有一些事情需要解决。如果仅仅生气，却没有解决任何问题，那生气是没有任何意义的。如果大家感到生气，请一定要仔细想想自己内心需要解决的问题是什么。

第三章

理解孩子内心想法的话

认可和赞美孩子
努力的话

"称赞"不是情绪，不会自然流露。称赞更像
是一种"反应"。

称赞不会自然流露

一般来说，家长们更希望班主任为孩子做些什么事情呢？在学习上好好指导孩子，不要责骂孩子？教会孩子如何健康地生活，帮助孩子养成良好的生活习惯？

在跟家长们交流的时候，我经常听到类似的话。我跟家长们谈论了许多关于孩子的事情，在谈话即将结束的时候，家长们经常会附上一句：

"请您多关心关心我家美妍。"

"我家英民虽然比较调皮，但还是希望您能够爱护他。"

"我家善佑最近没什么自信，请您多称赞他几句吧。"

"关心""爱护""称赞"这三个词中，我从父母那里听到最多的就是"称赞"。我自己作为一名家长，也想拜托我家孩子的班主任多多称赞孩子。实际上，班主任的称赞确实能对孩子产生非常大的影响。原因在于，班主任并不是孩子在外面随随便便遇见的某个人，而是在外面遇见的"拥有特别权限和权力的人"。这样的人给予的称赞，会让孩子们获得成就感。

这种肯定，在提高孩子的自我效能感方面也能够发挥重要的作用。它能够从根本上提升孩子的存在感。爸爸、妈妈、爷爷、奶奶之外的成年人给予的肯定，能够让孩子在处理人际关系时更自信。称赞能够让孩子感到自己被赋予了一种看不见的特权。

拜托别人表扬自己的孩子时，父母们不需要感到羞愧，也不需要犹豫。一些父母会担心，这种事情被其他的家长看到该怎么办——这种担忧也完全可以放下。作为父母，希望别人称赞自己的孩子，这样的"贪心"完全是合理的。对于一些胆小、不善于言谈的孩子而言，父母之外的成年人（拥有某种权力的人）给予的称赞能够产生更好的效果。对于那些勇敢的孩子而言，情况也是类似的。即使是一件非常细小琐碎的事情，如果能够让孩子获得称赞，这对孩子而言真的很有帮助。很多时候，不经意间的称赞在孩子今后的成长道路上，会意外地起到决定性作用。如果孩子们在做某件事时受到了称赞，他们可能会以此为依托树立自己的理想。

○ 极不习惯称赞孩子的父母

鼓励带给孩子的好处，并不亚于称赞。实际上，在一些情况下，鼓励往往比称赞更有效，更实用。因为大多数的称赞，往往出现在孩子取得某种成就的时候，而鼓励则经常出现在孩子做事情的过程中或失败的时候，更何况鼓励往往不需要说太多的话。父母只需在孩子疲惫的时候或因为跟朋友闹僵而感到心烦的时候，给予孩子一个眼神或者是点头示意，孩子就足以得到鼓励。

这样看来，我好像是一个"称赞"的狂热推崇者。但更重要的一点是，如果大家想达到上述称赞的效果，一定要正确地称赞孩子。称赞也需要技巧，错误的称赞反而会让孩子失去对我们的信任。

称赞和鼓励能够产生很好的效果，但是称赞和鼓励别人却比我们想象中要难。父母很容易也很擅长对孩子发脾气，即使不学习，也会自然而然地冲着孩子发脾气。但不知道为什么，父母却很不习惯称赞孩子。如果父母们能够像容易生气一样，经常称赞孩子，那么韩国的孩子可能拥有"100% 的自信"。为什么这种情况无法实现呢？

○ 直率坦诚的反应是最好的称赞

愤怒是一种情绪，情绪的特点之一是自然流露。心中的某种欲求

131

受到刺激时，就会流露出来。但称赞不是情绪，不会自然流露。称赞更像是一种反应，也就是英语里的 reaction。我们看综艺节目的时候，经常会看到节目组邀请一些嘉宾，主持人会对嘉宾的话和动作做出反应。这种反应能够营造一种氛围，让嘉宾把关于自己的事情和盘托出。称赞也能达到类似的效果。

我希望父母们平时能够对孩子的动作做出反应。但要记住，千万不要反应过度。父母们的反应要直率坦诚。只有真心对孩子的话和动作感到好奇，才能做出直率的反应。附和孩子的话、点头示意、对孩子的话和动作感到好奇时进行询问，这些都是直率的反应。那么，父母们可能会感到好奇，我们一直对孩子的话和动作做出直率的反应，那到底应该什么时候称赞孩子呢？

直率的反应才是真正的称赞。适时的感叹也不错。跟孩子一起惊讶，一起感叹，一起祝贺，一起呐喊助威，这每一个瞬间都能成为真正的称赞。大家回想一下，到目前为止，下面这句话你说过多少次呢？

"你太棒了！我为你感到骄傲！"

屈指可数。我们说这句话的次数寥寥无几，说明我们对别人的称赞也屈指可数。称赞能够在产生反应的瞬间发挥力量，而这些反应则会推动事情向前发展。这种反应能够让别人体会到真正的称赞。

要想正确地称赞孩子，最好先养成一种良好的习惯——对身边细小琐碎的事物发出感叹。感叹本身就是一种非常好的反应。感受到这种良好反应的孩子，即使只听到一个感叹词，也能从中获得极大的肯定和称赞。

"哇哦！"

"喔！喔！"

"果然！"

称赞是一种反应，做好这一点就足够了。

支持和鼓励
孩子的话

对孩子而言，失败与否取决于父母的评价。受到鼓励的孩子，不会失败。

比称赞更有力量的是鼓励

在前文中，我们谈论称赞的时候，提到了愤怒。愤怒是一种情绪，所以会自然流露。情绪的特性就是自然流露，所以父母们不需要练习，也会自然而然地冲孩子发脾气。我们也提到，称赞不是情绪，而是一种反应。这意味着称赞别人的时候，我们需要借助一定程度的意志力。

同时，我们也提到了鼓励，鼓励是"对过程的称赞"。实际上，在日常生活中，相比于称赞孩子，我们更需要鼓励孩子，在孩子前进的道路上，鼓励发挥着根本性作用。

现在，我们把"鼓励"和"称赞"分开，更细致地描述一下鼓励。

之所以这样做，是因为在教育孩子的过程中，鼓励扮演着十分重要的角色。真正懂得如何教育孩子的家长，大部分都非常清楚如何鼓励孩子。事实上，对这样的父母而言，鼓励是日常生活中非常自然的一件事情。鼓励在教育孩子的过程中，的确能够取得非常好的效果。如果用药来作比喻，可以说，鼓励是一味药到病除而且几乎没有副作用的良药。

○ 比起"含糊不清的鼓励"，更需要"具体问题具体分析的鼓励"

我们先来了解一下鼓励的效果。第一，鼓励能够让孩子们愉快地度过跟父母"分离"的时光。实际上，孩子们非常讨厌跟父母分开。对孩子而言，离开自己熟悉的环境是一个非常可怕的过程。特别是刚开始上幼儿园，加入学校这个大集体的时候，孩子们最需要的就是鼓励。

这时的鼓励需要包含父母们恳切的心情。父母们一定要让孩子知道，在短暂的分离之后，自己是多么渴望再次见到他。这时，一般父母首先考虑到的是孩子在幼儿园累不累，在学校里有没有发生什么不好的事情，于是会询问这些方面的情况。这种行为向孩子们传递了一种信息——爸爸妈妈非常想念你。孩子们看到父母恳切的表情后，能够获得一种信任感。信任感本身就是一种独一无二的鼓励和支持。

第二，鼓励能够消除孩子的羞耻感。鼓励能在孩子产生羞耻感之前或者是感到羞耻的瞬间发挥作用。孩子感到羞耻的时候，如果身边有人对他说"没关系"，他就能获得巨大的安全感。

孩子们经常会犯错。回答问题的时候可能会出错，跑步的时候可能会摔倒，演奏乐器的时候可能会跑调，踢足球的时候可能会踢空。每当这种时候，孩子们都会对别人的视线感到特别敏感。这时，孩子们最应该听到的话是"不要紧，没关系"。不要对孩子说："不是跟你说过这种时候应该这样做嘛！"这种话没有任何意义。孩子受到鼓励之后会消除自己的羞耻感，当再次遇到相同的情况时，他们不会畏缩不前，而是选择直面挑战，因为他们知道犯错也没什么关系。

第三，鼓励能给孩子带来安全感。事实上，孩子感到不安，是因为对未来感到不确定。上一次考试没考好，今天的考试也考不好怎么办？下一次成绩也不好该怎么办？这种想法，会让孩子持续处于一种极度不安的状态。当孩子担心不确定的未来时，鼓励他们能够减少他们的不安。比起含糊不清地鼓励孩子，说什么"一切都会好的"，具体问题具体分析反而更有效。让孩子回顾这段时间自己付出的努力，也会让孩子感受到切实的鼓励。这个过程能够减少不安，给孩子带来安全感，帮助孩子获得成功。

◌ 父母鼓励孩子的话

鼓励别人的时候，需要遵循一些共通的基本原则。我整理了一下发展心理学家、精神分析学家、企业家们谈到的鼓励的三项原则。如何灵活运用这些原则，有效地鼓励孩子呢？

第一，要给孩子留下"伤心的时间"。不管是因为失败、被孤立，还是遭到背叛，孩子首先需要拥有哭泣的时间。哭泣能够让孩子获得安慰，释放自己的情绪。实际上，情绪释放之后，孩子们会获得一种解脱感，开始自己鼓励自己："哭过之后应该学会坚强。"如果孩子无法哭泣，他们的胸口就好像压着一块沉重的石头，这会让孩子的情绪更加糟糕。孩子的内心犹如陷入冰冷的湖底，无法逃离。在这种状态下，鼓励会渐渐变得毫无作用。

第二，如果不知道应该对孩子说什么，父母可以通过身体动作鼓励孩子。父母们可能不善言辞，可能在很多情况下并不知道如何安慰孩子。没关系！父母们可以不说话，只是递给孩子一张纸巾，让他擦干眼泪。可以静静地帮孩子擦干眼泪，还可以轻抚孩子的胳膊或是拥抱孩子，这些动作都能带给孩子鼓励。相比于话语，孩子们更能感受到父母的行为。孩子们能够从父母为自己做的事情中，感受到安慰和鼓励。

安慰和鼓励之后，再对孩子进行指导或责备也为时不晚。孩子失败的时候，最难过的人其实是他们自己。这时，孩子需要的是，从父母的行为中感受到"即便如此我们也会对你充满期待"。如果在听到父母的话之前，能够首先感受到父母伸出的双手，那么孩子能够获得更直接的安慰。

第三，"下次继续，直到成功为止"，这句话很重要。不要限制孩子尝试的次数。不限制次数意味着，获得成功之前孩子可以一直尝试。

有时，父母说的一些话中隐含着非常消极的意味，"那样做能行吗？"这种话的潜台词是，"无论你尝试多少次，也不会取得成功"。

父母的话中应该包含的潜台词是"无论何时都可以"。努力到成功为止，那么你就会成功，这段时间的失败也只不过是一种过程，我会一直给你机会，你只要不停下就能够成功。这种话能给予孩子无限的信任。这种无限的信任能够带给孩子力量，让孩子从失败中站起来，因为他们相信自己终有一天会成功。

○ **如何让鼓励发挥作用**

其实，鼓励也有局限性。如果想让鼓励产生效果，至少受到鼓励的人内心需要拥有"渴望"。即使表面上哭泣、挣扎，但内心也要渴望一定程度的变化和成长，这样鼓励才能产生协同效应。鼓励很难让一个自暴自弃的人摆脱消极状态。每当看到班里有自暴自弃的孩子，我都会感到非常痛心。

"没有用，反正回家也会挨骂。"

对这样的孩子而言，鼓励无法产生任何帮助，因为孩子已经形成思维定式。这个孩子之所以会这样，是因为他几乎没有获得过鼓励。鼓励的缺点是，在形成思维定式的孩子身上，"鼓励"无法发挥任何作用。这些孩子最终只能选择面对。问题是，并不是所有人都可以从容地选择面对，只有那些真正冷静熟练的专家才可以。"面对"就像一把手术刀，只有医术精湛的医生才能拿得稳。

在韩国 CBS TV 推出的主题演讲节目《改变世界的 15 分钟》里，汉阳大学教育学专业的刘永晚教授发表演讲时说道：

"人生在世，重要的不是前进的速度，而是看问题的角度。"

一个形成思维定式的人，不管对他说什么话，都不会产生任何作用。我希望孩子们不会因为不安和挫折而形成思维定式。对于这样的孩子而言，鼓励没有任何作用。如果要想让鼓励发挥力量，至少需要孩子换个角度看待问题。也就是说，孩子能够换个角度看待问题，是鼓励发挥作用的最基本条件。

鼓励能够发挥作用的最基本条件

如果想让鼓励发挥作用，父母们需要注意，相比于话语，表情和动作更容易让孩子接受。如果不知道如何鼓励孩子，可以先给孩子一个拥抱。用手轻轻拍打孩子的背，能够让孩子做好准备，接受父母的鼓励。相比于话语，表情、动作、声音产生的共情更容易让孩子接受。在这之后，再添加一些鼓励的话，能够产生很好的效果。

"没关系，就当是暂时休息一会儿。"

"妈妈一点也不觉得丢人。"

"下次继续挑战就好了啊。"

"没关系的，我们吃饭吧。"

"打起精神，加油！"

  对孩子而言，失败与否取决于父母的评价。受到鼓励的孩子，不会失败。他们只是还没有成功而已。而且他们终将会在持续的挑战中获得成功。鼓励的力量，比我们想象中的更加强大。

孩子伤心时
安慰他的话

心理负担减轻，意识到不只自己应该负责任的
时候，孩子才会获得安慰。

孩子的伤心传递给父母的时候

孩子们不可能每天都很幸福。有时孩子会在幼儿园或者在学校跟朋友产生矛盾，感到很伤心，哭着跑回家。有时孩子被别人欺负了，会跑回家把自己关在房间里生闷气。当孩子伤心的时候，父母也会跟着伤心，甚至还会生气。父母可能会因为太过伤心，而影响自己正常的生活。但是我想问一下这个时候的父母：

"您真的伤心吗？"

"您确定您真的伤心？"

"您有多伤心呢？"

令人遗憾的是，很多时候父母也会被自己的情绪所欺骗。当孩子在学校因为跟朋友闹矛盾感到伤心、痛哭的时候，或者是孩子们因为失败、挫折或被朋友背叛而不知道如何处理自己情绪的时候，如果父母多留意一下自己的内心就会发现，很多时候自己的情绪并不是伤心。父母们首先冒出来的情绪是"不满意"，有时候内心也会充满"郁闷"。于是，虽然刚开始父母好像是在安慰孩子，但在最后，父母们往往会说：

> "所以你就默默地忍了下来？你也该说点什么啊！"
>
> "不要那么懦弱，默默承受，你也应该用同样的方式回敬他。"
>
> "下次别只是老老实实被人欺负！"
>
> "所以你才会每次都被欺负嘛！妈妈怎么跟你说的！"

孩子感到伤心，当这种伤心传递给父母的时候，父母需要练习暂时"停下来"。父母需要仔细感受自己此时此刻的情绪。这个过程只需要很短暂的时间。父母可以把这短暂的时间当作是理清自己情绪的时间，暂时停下来。然后，问自己一个问题：

"现在，我内心的情绪是什么呢？"

　　如果父母内心感到郁闷，同时又感到烦躁，那么这并不是对孩子的遭遇感到伤心。如果父母对孩子的遭遇感到伤心，首先应该跟孩子产生共鸣。如果没有共鸣，父母内心逐渐膨胀的郁闷，只不过是父母为自己感到伤心而已。

　　如果这种情况反复出现，父母们就会产生一种抵抗情绪，"你到底想让我怎么办？"虽然表面上父母们告诉了孩子解决方案，但是从结果来看，他们并不想帮助孩子解决问题，而是选择放任不管。结果，等到孩子进入青春期的时候，他们也不会告诉父母自己内心受到的伤害。因为在孩子看来，反正这些问题都需要自己解决。

◎ 耐心等待，静心聆听

　　意识到孩子伤心的时候，如果父母心中首先想到的是"等待"，说明父母已经做好了接受孩子情绪的准备。如果心中无法自动联想到等待，父母则要下意识地进行等待。有一些共情能力特别强的父母，他们不需要等待也能马上感受到孩子们的伤心。在这个时候，孩子们能够直观感受到来自父母的安慰和共情。但遗憾的是，拥有这种能力的人并不多。

　　大多数父母需要在了解到一定的情况之后，才能感受到这种伤心，而等待便是为了让父母了解情况。

重要的是，我们首先要等待孩子把自己的伤心尽情地释放出来。孩子们可能会哭泣，也可能会辱骂别人，或者是发脾气。当然，我们要阻止孩子打人或者是对人恶语相向。

但当孩子跟爸爸妈妈单独相处的时候，孩子可以尽情地表达自己的伤心，不需要受到任何限制。孩子只是想表达自己有多伤心，并不是真的想伤害谁，只是想让父母知道自己的伤心而已。如果想要满足孩子的这种需求，父母首先要做的就是"耐心等待和静心聆听"。聆听的行为能够告诉孩子，爸爸妈妈对他们的情绪产生了深深的共鸣。这之后，孩子就会渐渐获得安慰。

◌ 真正的安慰是减轻责任

许多父母都会忽视一件事情，即安慰始于"聆听"。其理由正如我们前面提到的，父母不知道自己是真的伤心还是感到不满。我再强调一遍，在安慰孩子的过程中，父母的聆听是非常重要的。聆听时，父母需要注视着孩子的眼睛，听完孩子的叙述。在适当的时候，需要抓住孩子的手或是对孩子微微点头。孩子的说话时间一般不会超过 5 分钟，聆听并没有我们想象中的那么麻烦。

孩子伤心的时候，父母要做的第一件事情是聆听。但也要注意，聆听只是开始。聆听是安慰的开始，但仅仅通过聆听，并不能让孩子获得安慰。聆听过后，父母还需要画上一个圆满的句号，才能够让孩子获得安慰。这个句号就是"减轻责任"，即真正的安慰是减轻责任。

"那不是你的错。"

"不是因为你，事情才这样的。"

孩子会受挫、伤心、生气，是因为他们认为自己需要承担所有的责任。如果孩子有做错的地方，就应该承担那部分责任，但不能把所有责任都推给孩子。孩子摆脱责任束缚的时候，能够获得安慰。为孩子减轻责任，意味着父母要懂得何时参与孩子的事情。父母不能强求孩子自己解决所有的事情。以自己忙或不知道怎样做为借口，仅仅告诉孩子解决问题的方法，让孩子自己解决问题，这样并不能带给孩子安慰。最终只会让孩子感觉负担太重，自己无法承受。心理负担减轻，意识到不只自己应该负责任的时候，孩子才会获得安慰。妈妈可以对孩子说：

"妈妈会给老师打电话，拜托老师暂时把你跟智敏分开。你现在好像因为那个孩子承受着特别大的压力。反正没必要跟所有的人都处得很好，跟那个孩子不来往也没关系的。"

安慰并不是别人给予的，对孩子而言，获得安慰就像寻宝一样，需要一个发现的过程。在这个过程中，父母需要暂时充当一个临时演员，帮助孩子减轻责任。作家姜世馨（강세형）在《稀缺的安慰》一书中写道：

"也许这就是所谓的安慰。相比于下定决心有意说出的话，人们更能从一些意料不到的、罕有的地方获得安慰。"

相比于一些习以为常的回答，有时爸爸妈妈偶尔出人意料的回答更能向孩子传递自己的真心。孩子需要安慰的时候，父母只需帮助孩子减轻肩膀上的责任就可以。安慰孩子的时候，不需要固守什么道理、原则，只需要关注孩子就可以。

04

站在孩子的角度
看待问题的话

肯定孩子绝对价值的过程始于站在孩子的角度
看待问题。在这种情况下，父母说出的话能够
让孩子们懂得，自己可以和他人处于同等的
位置。

站在孩子的角度看待问题

目光短浅的人无法跟目光长远的人拥有同样看待问题的眼光。目光长远的人只有"缩短"自己的眼光，才能与目光短浅的人实现"对视"。所以，如果心中不在意某个人，就不可能跟那个人拥有同样的眼光。或者说拥有同样的眼光本身也是一种爱。

站在孩子的角度看待问题，是一件非常困难的事情。特别是辅导孩子学习，真的非常辛苦。在给家长做咨询的时候，一些家长曾经跟我说：

"辅导孩子做作业太郁闷了，我都觉得我能被气死。所以，我干脆把孩子送到辅导班，就不用忍受这些痛苦了。"

无论如何"缩短"自己的眼光，大人总会比孩子看得长远。严格来说，眼光指的并不是视线，而是思维方式。父母直接辅导孩子学习是一件十分辛苦的事情，需要付出大量的时间和精力。在父母看来只要稍微集中一下精力就能够解决的问题，孩子们总是会给出"出人意料"的答案，但做作业有时不需要如此发挥创意。孩子面前写满了提示和解题思路，可他们总会写出完全风马牛不相及的答案。甚至孩子故意惹父母生气，故意不好好做作业，可能都不会产生这么"好"的效果。看到孩子那让人无法理解的解题过程，父母只会感到郁闷和生气。最终，父母会对孩子说：

"擦掉重新写！"
"你好好想想。这样可不行！"

擦掉重写，再擦掉再重写，反反复复。这样几次过后，最终孩子也会感到厌烦。

"哎呀，我不会！"

站在父母的角度来看，这么简单的题孩子却做得如此艰难，这令人完全无法理解，令人非常生气。最终父母会感到厌烦，在接下来的几天时间里，都会对孩子破罐子破摔。那么，问题究竟出在哪里呢？

父母的内心只是感觉郁闷。对孩子没有解答出问题感到伤心，对自己催促孩子、冲孩子生气感到抱歉。这两种情绪交织在一起，让父母承受着巨大的情绪压力，实在不知道如何是好。

◌ 通过孩子的语言了解孩子的想法

问题在于"语言"。孩子知道的、直接使用的语言和父母的语言是不同的。大多数练习册上的问题都用成人的语言书写。孩子是第一次接触这样的单词、语序、问题。如果想让孩子理解这些问题，父母需要用孩子的语言给孩子解释。这个过程就是说需要站在对方的角度看待问题。站在对方的角度看待问题，本身就能够让对方感到"被尊重"。但是，很多时候，父母们却不会有意识地站在孩子的角度看待问题，而是直接对孩子说：

"你看看这里。这里不是写着嘛！所以才说让你去掉啊！"

在这个过程中，父母要细心地跟孩子解释"这里写着的东西"是什么。父母能够看到的东西，并不代表孩子也能够看到。站在对方的角度看待问题，需要用对方能够理解的语言解释眼前的情况。话虽如此，要做好这件事却并不简单。

2018 年，金世润审判长在宣读韩国前总统朴槿惠的判决书时，曾说过下面这段话。在网络报道中，这段话被称为"站在国民的角度宣读的判决书"。

"滥用职权罪，指的是从表面上来看，公务员在行使自己的职权，但实际上公务员行使的职权是违法的、不正当的。"

这是一个多么令人感到亲切的说明啊！这也是一个站在对方的角度看待问题的典型事例。把法律用语转换为一般人使用的日常用语，使用通俗的语言，可以让更多的人理解和接受。

父母也应如此。当父母想要教会孩子某件事情的时候，需要使用一些孩子能够理解的语言，或者打个比方来解释。这才是真正站在孩子的角度考虑问题。

站在孩子的角度考虑问题的过程中，还有一件比较重要的事情，那就是"了解孩子的想法"。当父母认为孩子的言行出现错误或者不合适的时候，父母最应该做的便是"了解孩子的想法"。但是一般情况下，父母急于改正孩子的错误，会在情急之下说出：

"那样不行！"

对孩子而言，他们很多时候都不知道自己做错了。而且，他们做事情也会有自己的理由。在某些情况下，孩子做出某种行为是出于好意。父母首先需要听一下孩子的想法，然后再考虑接下来该说的话。

"你能告诉我，你为什么说这种话吗？"

"你能告诉我，你为什么那样做吗？"

如此，了解孩子想法的过程中，父母展现的正是站在孩子的角度看待问题的态度。这样，孩子就会感觉受到了尊重，这种尊重能够增强孩子的自尊心。肯定孩子绝对价值的过程始于站在孩子的角度看待问题。在这种情况下，父母说出的话能够让孩子们懂得，自己可以和他人处于同等的位置。

05

接受孩子
消极情绪的话

被消极情绪左右和接受消极情绪，两者之间存
在着巨大的差异。压抑消极情绪的时候，人们
往往会反过来被消极情绪左右。

练习接受消极情绪

请大家慢慢读一读下面这些词，然后稍微思考一下每个词代表的
情绪。

　　"生气、烦躁、忧郁、伤心、孤单、寂寞、厌恶、嫉妒、

　　愤怒、恐惧、蔑视……"

上面这些词，罗列的是一些消极情绪。大家读完之后有什么感觉
呢？如果最近这段时间，大家本身就感觉很累、很辛苦，如果读书的

时候也体验到这些消极情绪，那么大家可能就会对读书产生一种抗拒感。产生抗拒感，说明大家拥有强大的生命力。这种抗拒感是支撑大家活到现在的动力之源。

如果查找表达情绪的词语，大家会发现，表达消极情绪的词语远远多于表达积极情绪的词语。表达消极情绪的词语更多，这意味着我们经常感受到消极情绪，并对消极情绪进行了细分。换句话说，我们经常需要表达消极情绪，所以创造了很多与之相关的词语。神经科学家安东尼奥·达马西奥（Antonio Damasio）对"情绪"有着深入的研究，他在《万物的古怪秩序》一书中说道：

"感觉延长了人的生命，挽救了人的性命……例如，人们为了避免遭遇某种情况，创造各种条件，保证自己得以生存下去。"

安东尼奥·达马西奥的研究结果显示，消极的感觉是人类生存下去的必备条件。产生消极的感觉，人们才能为了获得"安全感"而进行选择和采取行动。消极情绪中包含着"生存"的内涵，这意味着我们应该好好认识并接受消极情绪。一直以来，在日常生活中，我们总是在有意无意地学习如何回避和拒绝消极情绪。

"停下！不许哭！有什么好哭的！"

"不能生气。生气不好，要听话。"

甚至，还有这样的歌曲。我每次在圣诞节的时候听到下面这首歌，就会感到心酸。

　　"不能哭，不能哭，哭泣的孩子，圣诞老爷爷不给礼物。"

比起上面的歌词，我们祖先的智慧让人感觉更亲切。

　　"哭的孩子，多给一块年糕。"

○ 消极情绪不能压抑而要接受

消极情绪不能压抑而要接受，即我们要认识并接受当前消极的状况。通过承认当前消极的状况，我们能够采取切实可行的应对方案。如果持续压抑消极情绪，那么我们内心会同时感受到两种情绪。例如，非常伤心但经常笑，难过却说没关系，或者是孤单却喜欢自己独处。给孩子一个表达消极情绪的机会，对他们而言是一个非常好的学习过程。

　　"我难过。"
　　"我伤心。"
　　"我生气。"
　　"我烦躁。"

父母们听到这些话会觉得不舒服，这是因为"情绪转移"。仅仅想到孩子说自己生气时的面部表情以及起身走进自己房间的样子，我们都会产生非常烦躁的感觉。当这种感觉完完整整地传递给父母的时候，父母可能会想：

"怎么这么没大没小！"

"再怎么生气也不能无视妈妈啊！"

"你竟然敢这样对待爸爸……"

如果产生上面这些想法，父母们就会陷入苦恼之中，是应该责备孩子还是应该选择忍耐。于是，父母有时会责备孩子，有时则会选择忍耐。父母的意志力和精神状态不同，面对孩子时表现出的反应也不同。如果这个过程反复出现，父母就不会接受消极情绪，而是反复地克制和忍耐。

○ 父母说的话，不应是评判而是接受

当孩子的消极情绪转移到父母身上，父母感到被无视的时候，父母应该集中精力好好体会一下这种感觉。换句话说，如果父母感到被无视，可以暂时先保持这种感觉，然后集中精力分析一下。并且对于这种转移而来的情绪，父母不需要做出任何理性的评价，只需要集中精力感受这种情绪就可以。

集中精力感受这种消极情绪，不做出任何评价，父母就会发现，从孩子身上转移而来的情绪其实并不是针对"我（父母）"。同时，父母也会了解到，这种情绪不是什么威胁，也不是必须要回应或者回避、防御的东西。这时，父母便能够读懂孩子的情绪。

被消极情绪左右和接受消极情绪，两者之间存在着巨大的差异。压抑消极情绪的时候，人们往往会反过来被消极情绪左右。拒绝、压抑、克制消极情绪时需要注意分寸，如果达到临界点，最终消极情绪一定会爆发。就像堤坝被毁，喷涌而出的洪水会瞬间把所有的东西吞没一样。

接受情绪，特别是接受消极情绪，能够让我们接受自己。如果孩子身边的人能够接受自己的消极情绪，那么孩子在面对自身消极情绪的时候，他们也不会对此做出评判，而是直接说：

"我现在很郁闷。我可以郁闷。但我要仔细找一下原因，到底是什么让我这么郁闷。"

接受消极情绪的父母，他们说出的话，不包含"评价"，而是经常包含"接受"。

06

尊重
孩子想法的话

作为父母，首先应该考虑一下哪些话该说、哪些话不该说，父母要保证对孩子说话时能做到注意分寸，这相当于为亲子关系加上了一个很安全的防护罩。

○ 持续地、反复地伤害孩子的话

几乎没有父母会故意说伤害孩子的话（偶尔也会有，但这时，父母已不再认为孩子是可爱的宝贝，而是满足自己欲望的牺牲品）。父母跟孩子说话时要注意，不要说伤害孩子的话，这是非常重要的。因为伤害孩子的话不会只出现一次。一般来说，父母会持续地、反复地说出伤害孩子的话。但父母却不知道这些话会伤害孩子，只会觉得"说这些话是为了孩子好"。有时父母还会觉得，孩子需要克服这些话带来的伤口，这会锻炼孩子的抗压能力。但遗憾的是，我们不能克服伤口，只能治疗伤口。用刀划伤孩子的手背，然后对孩子说"你需要克服"，这是非常不负责任的，对孩子而言，这也是一件十分可怕的事情。请不要把我们的孩子变成需要被治疗的对象。

当然，在日常对话中，父母不可能每次说话之前都要考虑"孩子会不会因为我说的话受伤？"如果必须要这样做，大家的心情会如何呢？也许马上就会感到厌烦，光是产生这种想法就会备感压力。如果长期处于这种状态，父母就会被一种强迫观念所束缚。最终，这种强迫观念可能会给孩子带来其他的伤害。

什么话也不说，保持沉默，可能也是一种不错的选择。但是保持沉默可能会给孩子带来更大的伤害。那么，父母到底该怎么做呢？

○ 拿出时间，真挚地与孩子交谈

与其每次都费尽心思思考自己说的话会不会给孩子带来伤害，还不如将焦点放在如何确保对话的时间，以及真挚地与孩子交谈上。父母给孩子带来的伤害，最终还是需要通过对话来平复。对话应该自然顺畅如流水。这里说的"流水"可以是蜿蜒奔涌的江河，也可以是涓涓细流。不管是哪种情况，对话要自然顺畅，或快或慢都没关系。只要不是突然陷入沉默，令人备感压抑就可以。如果越交谈越感到郁闷，这个时候可以暂时停止对话。暂时停止对话，向孩子传递出一种讯号，接下来父母要做的事情，可能会伤害到孩子。父母说出伤害孩子的话，主要发生在下面这两种情况中。

第一，与其说是故意，不如说是情绪失控。很多情况下，父母觉得情绪失控是因为自己意志力不够坚定，但其实是因为父母精力不足。

一个人的身心状态能够对他的情绪调节能力产生极大的影响。当我们感觉以自己现在的意志力很难调节情绪的时候，与其跟孩子谈话，不如选择早点休息。遗憾的是，这种时候，很多人会选择喝酒，这样就会进入一个恶性循环。没有得到充足的睡眠，身体会变得更加疲惫，第二天仍然无法调节自己的情绪，郁郁寡欢，然后继续喝酒。如果感觉最近无法调节自己的情绪，我们应该选择早点休息。

第二，无意之间说的话，可能会让对方感到恐惧。如果父母觉得自己在开玩笑，即使孩子说不喜欢，父母仍然会笑着一直说。因为父母觉得孩子的反应很可爱、很有趣，所以他们丝毫不理会孩子的感觉，只顾自说自话。就好像以前大人们经常跟孩子说"你是从桥底下捡来的"一样，孩子们听到这种话，表情会变得非常凝重，而身边的大人却笑得很开心。

孩子并不能区分真话和玩笑话。实际上，在孩子的潜意识之中，大人说的玩笑话是一种轻微的暴力。大人明明知道有些事会让孩子感到害怕和害羞，但却乐此不疲地在孩子面前谈论，这本身就是一种暴力。对话双方拥有一定程度的认知和认识水平的情况下，才能够互相开玩笑。玩笑话有"刺"，会刺伤孩子。相比于玩笑话，真话更能让孩子产生安全感。

"你是从妈妈肚子里出来的孩子，是妈妈的宝贝。"

○ **询问是对他人的尊重**

在交谈的过程中，有时候父母可能不清楚哪些话会对孩子的情绪产生影响，这时父母可以询问一下孩子的想法。询问过后，父母会发现，询问孩子的想法这件事出人意料地简单。而且孩子受到的伤害，也会在这种询问的过程中得到平复。

有时，我会给班里的孩子取绰号。每个孩子都有自己的特点，偶尔我会突然想到跟孩子特点非常相符的绰号。但是即便在班主任看来，这些特点都是孩子的优点，然而被取绰号的孩子可能会有不同的感受。例如，我们班有一个孩子，他很擅长做科学实验，拥有丰富的科学知识，所以我就给他取了个绰号"金博士"，表示对他能力的肯定。我觉得，大多数孩子都会喜欢这样的绰号。

但是，不管是什么样的绰号，给孩子起一个新名字的时候一定要充满诚意。因为"名字"会成为孩子的标签，成为孩子有别于他人的标志。虽然对他人而言，一些名字拥有比较好的寓意，但是孩子听完后可能会拒绝，甚至会受伤。

"你科学实验做得真好。以后能叫你金博士吗？"

如果孩子说可以，那他就多了一个新名字——金博士；如果孩子说不可以，那我就需要收回我的提议。在被询问的过程中，孩子能够感受到有人关心自己，这种感受可以保护孩子不受伤害。

很多时候，父母在家里会叫孩子"我的小公主""我的小王子""我的小宝贝"等等，以此来表达对孩子的喜爱。虽然这些话包含着父母满满的爱意，但是孩子上初中以后，父母最好询问一下孩子，是否还能继续这样称呼他（她）。有些孩子可能会觉得这样的名字很幼稚，听起来让人感觉很厌烦。当然，大多数孩子都很喜欢这些名字，但父母还是询问一下比较好。询问孩子是否可以如此称呼他（她），能够让孩子产生被尊重的感觉。

○ 责备孩子的时候要注意分寸

最后，我想说的是，我们说出的每句话不可能都经过了深思熟虑。但是我们可以提前考虑好说话时需要注意的分寸。说话时注意分寸非常重要。孩子做错事需要被责备，但是责备孩子之前，父母一定要想好哪些话该说、哪些话不该说，责备孩子的时候，只说该说的话，不说多余的话。

如果孩子承诺自己打扫房间却没有遵守约定，房间杂乱不堪，父母需要责备孩子。但是，父母要保证责备孩子的时候，只能说打扫房间的事情。遗憾的是，大多数家长会以打扫房间的话题开头，最后却谈到辅导班的作业和孩子的学习问题上。

最终，房间杂乱不堪、不做作业、不学习，这些话就像连珠炮弹一样一股脑地向孩子袭来，让孩子无路可逃，只能无助地徘徊。在这种彷徨的时候，孩子会沉迷于手机游戏，以此来逃避现实。

我觉得，作为父母，首先应该考虑一下哪些话该说、哪些话不该说，父母要保证对孩子说话时能做到注意分寸，这相当于为亲子关系加上了一个很安全的防护罩。

07

不让孩子感到
羞耻的话

如果孩子对某些事感到羞耻，并将这种想法深
深印刻在脑海中，以后再遇到同样的事情，不
管谁说没关系，孩子都不会真正地接受。因为
他们已经形成了思维定式。

○ 无意间说出的让孩子感到羞耻的话

羞耻心对孩子的生活能够产生多大的影响呢？在孩子改正自身错
误的时候，羞耻心又能够起到什么样的作用呢？很多时候，家长或老
师都会利用孩子的羞耻心让孩子改正错误。我也不例外。但是，大多
数心理学家认为，在改正自身错误方面，羞耻心的效果并不明显。因
为羞耻心不会持续很久，也无法依靠自身的意志发生改变。

在孩子的成长过程中，"羞耻心"发挥巨大作用的时期是小学。这
一时期，孩子们能够在感到羞耻的事情中学会调节情绪。但是如果无
法调节羞耻心带来的情绪，孩子的反应可能会表现得特别敏感。例如，

爸爸说：

> "男孩子要跑得快一点。"

民哲听到这句话后，会感到非常羞愧，因为他虽然是个男孩，但身体臃肿，跑得很慢。之后，他会觉得上体育课就是一种负担，自己的缺点不知道什么时候就会被人发现，所以很讨厌上体育课。于是，上体育课的时候，他会表现得特别敏感。假如学校测试50米跑的时候，有人在笑，民哲看到后就会认为那人在笑自己，于是跑过去冲那人挥起拳头。而且他的脸上写满愤怒。如此，缺点被别人发现后，孩子可能就会无法控制自己的情绪。所以，当孩子感到羞耻的时候，学会控制自己的情绪，是十分重要的事情。

○ 引发孩子羞耻心的眼神和语气

羞耻心在孩子内心深处扎根是有原因的。第一是眼神，第二是语气。而且，一般来说，眼神和语气会同时传递给孩子。父母应该注意，尽量不要表现出让孩子感到羞耻的眼神和语气。

例如，在餐厅里，孩子不小心把盘子碰到了地上。"啪"的一声，盘子碎了，食物撒了一地。在这种状况下，父母突然因为孩子而不得不匆匆忙忙观察周围其他人的反应。孩子同样受到了惊吓，但是从爸爸妈妈的眼神中，孩子感受到了其他的东西。相比于盘子碎了、食物没法吃，孩子觉得自己犯了更严重的错误。在意识到给他人带来不便之后，父母看待孩子的眼神和对孩子说话的语气就有一种责备的感觉。

　　"小心一点啊，这么冒冒失失！"

　　在这一瞬间，羞耻心就会在孩子的内心深处扎根。孩子会觉得，现在身边许多人都在看着自己。父母则因为别人在关注孩子，而摆脱了其他人异样的眼神。结果，那些异样的眼神全部由孩子来承受。但孩子并没有形成有效的心理防护屏障，无法承受那些异样的眼神。这种时候，父母应该不知不觉地把注意力转向孩子，询问他们的感受。

　　"没事吧？没受伤吧？"

○ 羞耻心需要被保护

　　在接收到关切的眼神后，孩子会在内心筑起防护屏障。实际上，在上面这种情况中，父母能够用肉眼确认孩子是否受伤。即便如此，父母询问孩子的态度也会为孩子提供一个心理上的"避难所"，这个"避难所"能让羞耻心烟消云散。

　　如果孩子对某些事感到羞耻，并将这种想法深深印刻在脑海中，以后再遇到同样的事情，不管谁说没关系，孩子都不会真正地接受。因为他们已经形成了思维定式。羞耻心是一种"固有观念"。换句话说，羞耻心是一种"通过别人的认知来贬低自我的固有观念"。这种观念一旦形成,几乎终身不会改变。那么,如果孩子拥有极强的羞耻心,父母应该怎么做呢?父母首先应该持有下面这种想法。

"羞耻心不需要被克服,羞耻心需要被保护。"

羞耻心并不是关于孩子意志力的问题,不会因为孩子的努力而改变。因为某人而感到羞耻的经历,在被别人保护的过程中会渐渐消失。羞耻心的性质是自我束缚。所以,在自己感到羞耻的情况下,如果有人能够包容自己,那"我"就能够从羞耻心的自我束缚中得到解放。从他人的眼神中受到的伤害,需要从他人的眼神中获得安慰。

"持续"能够减弱羞耻心

我想再补充一个减弱羞耻心的方法,虽然这种方法是间接的,却能够发挥潜在的力量。这就是"持续"。持之以恒做事的习惯,能够减弱孩子的羞耻心。只要不是玩手机游戏,不管做什么事情,如果孩子们能够兴致勃勃地持续做下去,他们就能够减弱自己的羞耻心。

重要的不是"多",而是"持续"。持续做某件事,能够让孩子从细微之处获得成就感,这种成就感会让孩子变得更加自信。即使自身存在不足,孩子们仍然能够感到自己有用武之地。

更重要的是,在持续做某件事情的过程中,孩子们会获得自我调节的能力。当孩子感到羞耻的时候，这种自我调节的能力能够帮助他们调节自己的情绪。

令人惋惜的是，很多时候，如果孩子在做与学习无关的事情，大多数父母都会责备孩子。即使孩子做的事情与学习无关，但是允许他们继续做自己感兴趣的事情，有助于减弱孩子的羞耻心。

二十多年来，心理学家布琳·布朗教授一直从事关于羞耻、脆弱性、完美主义、恐惧、焦虑等方面的研究。关于羞耻心，她在《我已经够好了》一书中，直截了当地说道：

"羞耻心如暴力一样危险。"

借她这句话，我想对父母们说：

"羞耻心比暴力更加危险。"

至少暴力事件发生时，我们能够看到，但是我们却无法看到一个人是否感到羞耻。与羞耻心抗争就像跟一个透明人搏斗，我们只会处于下风，这是一场不公平的游戏。希望我们的孩子不要参与这种对他们如此不利的游戏。

"妈妈的话，如果有温度，

会是多少度呢？"

Q. "妈妈说的话有温度"，我对这句话感到很好奇。如果
妈妈说的话有温度，那对孩子而言，多少度比较好呢？

以水的温度为参考，大约不冷不热30~35摄氏度比较好。

Q. 您说不冷不热的温度，站在妈妈们的立场上来看，可
能会觉得有点不好理解呢。您为什么会这么说呢？

我现在说的这个温度指的是水的温度，这个温度的水
能够让紧张的神经和肌肉得到放松，使人镇定下来。据
说，如果用这个温度的水沐浴，失眠的人会很容易进入梦
乡。妈妈说的话如果能保持这个温度，就能够发挥这种作
用。实际上，几年前，大邱天主教大学附属医院做过一项
研究，给从全身麻醉状态中苏醒的孩子们播放事先录制好

的妈妈的声音，然后比较听到妈妈声音的孩子和没有听到妈妈声音的孩子之间的不同。研究结果显示，听到妈妈声音的孩子，从麻醉状态中清醒过来的时候，表现出的突发行为——谵妄症状减少了一半以上。简单来说，在孩子接受需要全身麻醉的手术之后，当他们清醒过来的时候，妈妈的声音能够有效地安抚他们的情绪。

Q. 妈妈的声音原来是一种"天然镇静剂"啊！真令人惊奇。妈妈的声音还有其他的温度吗？

　　另外的温度大约是 150 摄氏度。

Q. 这次的温度突然上升得好高啊。150 摄氏度是什么意思呢？

　　150 这个数字指的是门萨会员们的智商水平。一般来说，智商达到 150 才能成为门萨会员。我想告诉大家，妈妈的声音对孩子的智力能够产生巨大的影响，所以我才借用了 150 这个数字。这里的智力指的是一种广义的智力，不仅仅指智商，也包括情商。

Q. 妈妈说出什么样的话，才能够让孩子的智力水平达到这么高呢？

　　大家可以这么想。不管是什么话，只要是妈妈的声音，就能够影响孩子大脑的各个区域。几年前，美国斯坦福大学的研究人员曾经做过一项试验，让孩子听不足 1 秒的妈妈的声音和其他女性的声音，观察孩子大脑的反应。即使持续时间不足 1 秒，孩子仍然能够分辨出妈妈的声音。令研究人员感到更震惊的是，孩子的大脑对其他女性的声音几乎没有任何反应，但是妈妈的声音却能传递到孩子大脑的各个区域，比如负责情感认知、面部认知、周围情况变化等功能的区域。这项研究证明，在孩子大脑的发育过程中，妈妈的声音比其他人的声音更能产生影响。

Q. 那么，妈妈的话能对大脑的发育产生更大的影响，这句话说的是，如果妈妈懂得如何跟孩子说话，会对孩子大脑的发育产生非常积极的影响；如果妈妈不懂得如何跟孩子说话，也可能会对孩子大脑的发育产生消极影响，是吧？

　　是的。您一下子就指出了重点。我今天想说的也是这个事情。所以我想说，孩子们从妈妈的话中感受到的温度是"绝对温度"。当孩子还是胎儿的时候，在黑暗中只能听到妈妈的声音。妈妈的声音是胎儿接触的第一个外部刺激。然后孩子在反复听着妈妈声音的过程中，做着来到世界上的准备。妈妈的声音对胎儿来说就是整个世界。妈妈的声音是平和、幸福还是痛苦，给每个孩子带来的感受也各不相同。或许，从出生的那一刻开始，孩子们就通过妈妈的声音形成了对世界的认知。

Q. 那么，如果妈妈希望自己说的话能够给孩子带来积极的影响，应该怎么做呢？

首先，最基本的一点是，妈妈说的话不能让孩子感到"痛苦"。有些妈妈是迫于某种社会压力才结婚生子的。她们大学毕业后进入公司工作，在工作的过程中认识了自己的丈夫，然后结婚生子。如此看来，她们并没有时间真正关注过自己的"痛苦"。这样无论是谁，内心深处都有一个受伤的孩子。

Q. "痛苦""伤口"，听到您说这些话，我忽然感觉很好奇。妈妈说的哪些话最让孩子感到痛苦呢？

一般来说，我们首先会想到，愤怒和生气会对孩子的成长产生不利的影响。除此之外，还有一些话能够产生更严重的后果。这些话就是那种形式主义的话。相比于妈妈的生气和愤怒，妈妈说的形式主义的话，更能让孩子感到失望。

Q. 什么样的话是形式主义的话，您能说得更具体一点吗？

是这样的。比如，妈妈问孩子："今天晚上吃什么呢？"您觉得这是形式主义的话呢，还是妈妈在真心地征求孩子的意见呢？

Q. 嗯……这个视情况而定吧。

没错。有的妈妈只是因为吃饭时间到了，所以象征性地问一下孩子，而有的妈妈则是真心地询问孩子想吃什么。孩子能够通过妈妈说话的语气感受到其中的不同。所以，当这句话是形式主义的话时，他们会觉得"原来妈妈并不关心我""妈妈真的不想知道我想要什么"。形式主义的话，换个说法就是"漠不关心"。这种漠不关心的话会让孩子们受到许多伤害。不仅是说话的语气，妈妈的眼睛或者眼神、指尖细微的动作都有可能让孩子感到自己不被关心，这个时候，孩子会感觉特别难受。所以孩子们会无意间惹妈妈生气，因为他们认为，至少妈妈生气的时候，还能够注意到自己。

Q. 在您看来，现在的小学生们，最需要听到妈妈说什么话呢？

实际上，我曾经问过孩子们这个问题。我当时问的是高年级的孩子，所以暂且跟您说一下高年级孩子们的想法吧。低年级孩子的想法可能会有所不同。我曾经让高年级的孩子们写下他们想对妈妈说的话和他们想听到妈妈说什么话。出现频率最多的是：他们最想对妈妈说"请不要生气"，最想听到妈妈说"去玩吧"。但这只是孩子们的想法。关于妈妈最需要对孩子说的话，我的想法跟孩子们的稍微有点不同。

Q. 那是哪句话呢？

我觉得应该是"对不起"。

Q. 为什么您觉得孩子最需要听到这句话呢？

实际上，不管是妈妈还是其他人，我们每个人心中都有一个孩子。特别是感到伤心的时候，我们会紧紧拥抱"自己内心受伤的孩子"。在那种情况下，父母只能给孩子带来另一种伤害，这是无可奈何的事情。但是很多时候，因为孩子没有听到一句"对不起"，他们受到的伤害就像一副重担一样压在肩头，最终留下一辈子的伤痛。妈妈有时也会显得很脆弱，也会感到痛苦，所以不得已，妈妈也只能给孩子留下伤口……但即便如此，妈妈在意识到自己让孩子伤心的时候，即使稍微晚一点，也需要跟孩子说一声"对不起"，这样孩子可能就不会感到伤心。而且更神奇的是，看着真心道歉的孩子的眼睛，大人"心中的孩子"也能得到安慰。

Q."妈妈说的话有温度"，能请您整理一下刚才说的要点吗?

我们都会产生这样的想法，希望妈妈说的话能够温暖一点。妈妈话中的温度，只要能够跟我们的体温保持一致就可以。实际上，如果接触到跟体温同样温度的水，我们的感觉是不冷不热。这不冷不热的温度，就是妈妈说的话应该保持的最合适的温度。在这个温度下，妈妈说的话中包含着妈妈的真心。没有不安，没有欲望的传递，没有强迫，有的仅仅只是妈妈的关心。

第四章

读懂妈妈内心想法的话

01

回顾成为家长后的不安

父母因为孩子而感到不安的时候，最先要做的不是寻找消除不安的方法，而是花时间思考这种不安究竟来自哪里。

成为家长后的不安

我在为小学生的家长们做演讲的时候，不管是什么演讲，我都会在开始之前说同样的话：“请大家至少读 30 本讲述如何教育小学生的书籍。”父母们应该尽量在孩子上小学之前读完，这样效果更好。一本与小学生教育相关的书中，大约会举出 40 个孩子的典型例子。读完这 30 本书，家长们大约能够了解 1200 个案例。除去重复的案例，大约可以了解到 1000 多个孩子的教育情况。了解 1000 多个孩子的教育情况后获得的收获，大家有想象过吗？

大数据离我们并不遥远。了解 1000 个孩子的教育情况，这本身就是学生家长心中形成庞大数据的过程。1000个孩子，一名小学班主任需要工作30年，才能遇到这么多孩子。这是一个极其庞大的数据。这些数据对家长最大的帮助就是，可以缓解家长们的不安。

孩子上小学后，父母们主要会产生三种不安：对孩子的学习感到不安、对孩子与朋友之间的关系感到不安、对孩子是否遵守学校的规定感到不安。这些不安会转换为一个个问题，经常浮现在家长的脑海中。

"我家孩子学习能跟得上吗？"

"我家孩子跟朋友相处得融洽吗？"

"我家孩子能够遵守学校的规定吗？"

这三种不安之下还存在着更细致的划分。然后，其他让家长感到不安的问题会像雨后春笋一样冒出来。

"如果学校老师觉得我家孩子不爱学习怎么办？"

"万一孩子跟朋友们说话的时候畏畏缩缩怎么办？"

"要不要送孩子去辅导班呢？"

"送的话，该送孩子去哪个辅导班呢？"

"如果只有我家孩子没有智能手机，他会不会被孤立呢？"

"好像只有我家孩子没有好朋友，这没关系吧？"

"要是孩子违反规定被批评了该怎么办？"

◎ 极度不安的父母和他们孩子的特征

不安的特征是，人们为了消除这种不安，会持续地产生其他的不安。换句话说，让人感到不安的情况会持续不断地出现。作为班主任，最让我感到惋惜的是，极度不安的家长会让孩子的自尊心变得非常弱。而且随着时间的推移，孩子的自尊心会变得越来越弱。

在孩子看来，妈妈的不安是一件"非常令人担心的事情"。妈妈经常为"我"感到担心，仅仅这一点也会让孩子在潜意识中套上一个沉重的枷锁——"我是问题儿童"。这个枷锁会让孩子在潜意识中产生"自我怀疑"，这种自我怀疑则会减弱孩子的自尊心。经过小学6年时间的积累，这种情况会变得非常严重。孩子们会给自己贴上负面的标签，比如"没用的孩子""一点不让父母省心"等等。这些想法在孩子幼小的心灵中深深扎根，几乎伴随孩子的一生。

如果在班里看到"自我效能感"（指个体对自己是否有能力完成某一行为所进行的推测与判断）较低的孩子，我无论如何都会给他们创造机会，让他们取得小小的成就。这是为了让他们的认知产生变化，让他们感受到"我"比想象中的自己更好。别人在旁边对孩子说这些话的时候，并不能让孩子产生这种变化，只有孩子自己体验到成功的滋味，获得身边人肯定的眼神之时，他们才能发生这种转变。

问题是，自我效能感较低的孩子越来越多。自尊心较弱的孩子变多，班里不安的氛围也会变浓。如此一来，孩子们会变得对一些小事也很敏感，进而滋生出愤怒和厌恶等情绪，最终演变为暴力行为。

◎ 如果面对孩子时莫名其妙地感到不安

我尽力给孩子创造机会，让孩子获得小小的成就，尽可能提高孩子的自我效能感，但是我们班自尊心比较弱的孩子仍然在增多，这到底是为什么呢？一般来说，放假结束后回到学校，大多数孩子都会回到原来的状态。从我作为班主任的角度来看，孩子们在家的时候会反复陷入筋疲力尽的状态。如果周围人的想法、眼神、语气让人感到不安，孩子根本无法在这样的环境中培养"自我效能感"。

为孩子感到担忧的时候，父母首先需要暂时站一会儿或者坐在座位上思考一下。思考自己产生这种紧张的情绪，真的是因为孩子自身存在不足吗，还是因为担心孩子存在不足？一般来说，人们在感到不安的时候，会想方设法寻找消除不安的方法，但是如果执着于寻找消除不安的方法，这种不安就会被视为一种既定的事实。如果内心的不安成为既定的事实，人们的内心就会充斥着一种不合理的信念，即不安会转换为信念。

◎ 区分"真正的不安"和"想象中的不安"

父母因为孩子而感到不安的时候，最先要做的不是寻找消除不安的方法，而是花时间思考这种不安究竟来自哪里。不安的情绪本身是自己心中产生的躁动，但这种躁动出现的时间因人而异。看到孩子做某个动作的瞬间，或者在听到其他家长不经意间说出某句话的瞬间，父母的内心都可能出现躁动。父母需要找到这个瞬间，因为这个瞬间就是不安的源头所在。

只有正视不安的源头，才能区分什么是"真正的不安"，什么是"想象中的不安"。遇到"真正的不安"时，我们不能回避，应该停止并抛弃"想象中的不安"。实际上，做到这两点很难，而且通常情况下，我们的反应往往会正好相反：遇到问题时，选择回避，逃避现实中的不安；但面对"想象中的不安"之时，我们却无法全身而退。从现在开始，我们要把问题简单化，偶尔可以对自己说：

"有问题就解决，没问题就忽略。"

承认父母自身
的问题

先跟自己说对不起，借此获得安慰，在这之后，
再试着对我们的孩子说对不起。

○ 每个人都曾在童年时受过伤

每个大人都曾经是个孩子。小时候，有的人生活得很幸福，也有
的人生活得很不幸。有的人会怀念小时候的日子，也有的人不愿回忆，
或者一想起小时候就会觉得非常郁闷。甚至有的人小时候生活在暴力
之中，童年给他留下的只有可怕的回忆。童年的我们并不清楚自己当
时很伤心，但在成长过程中的某个瞬间，我们会突然明白：

"原来我那个时候很累、很痛苦啊！"

不管度过了一个怎样的童年，童年都能带给人安慰。每个人都会有伤心的时候，伤心的人都有资格获得安慰。每个人的家庭环境不同，童年也会有所不同。有的人童年可能生活得很富裕，而有的人可能生活得很贫苦；有的人可能拥有和蔼的父母，在父母的呵护下长大，而有的人却可能遭受着家庭暴力；有的人可能接受了良好的教育，而有的人可能几乎没有进过学校；有的人可能没有父母的照顾，而是在其他监护人的抚养下长大；有的人可能在青少年时期就过着寄宿制学校的生活；有的人可能小小年纪就不得不辍学打工。许多人都经受过生活的磨难。

不管生活在什么样的家庭环境中，我们承受的痛苦都有一个共同点，即我们现在内心所承受的痛苦，很可能都来源于童年时期父母（监护人）对待我们的态度。内心的痛苦或大或小，或深或浅，都会以心灵创伤的名义"传承"下来。

幸运的是，这种代代相传的心灵问题，大多数都能在自我寻找、自我反思的过程中得到解决。但解决并不意味着这些问题会消失，只是指我们可以成熟到坦然接受这种沉重感。但如果不知道如何进行反思，那么问题可能会有点棘手。

◌ 父母首先应该审视自己内心的问题

运气比较好的人在童年时期可能遇到过能够读懂自己内心的人。人们接收到越多认同的眼神，就越能清楚自己内心的问题。换言之，人们能够更好地进行自我反思。

善于自我反思的人不惧怕面对问题，而且他们会有意识地留出让自己独处的时间。严格来说，他们也害怕面对问题，但他们能够做出决断，敢于面对和承受后果。他们之所以能这样做，是因为他们得到了别人的认同。认同"我"的人可能不是父母，但无论是谁的认同都能够发挥作用。从他人那里得到的认同感能够让自己获得自我安慰的能力。在这种自我认同的过程中，人们能够获得勇气，去面对自身的心理问题。

遗憾的是，能够进行这种自我反思的父母并不多。大多数父母甚至都没有想过要了解自己内心的问题。即使有的父母考虑过，他们也不知道应该从哪里开始，甚至即使知道，他们也会选择回避。因为独自反思内心的问题，是一个沉重、可怕、孤单的过程。

即便如此，反思自己内心的问题仍然具有一定的价值，值得父母去尝试。如果成功了，父母便能够获得内心的自由，即使失败，也只不过是维持现在的状态而已。甚至，在反复失败之后，父母也有很大的概率能够比现在更了解自己。作为父母，了解、反思自己内心问题的过程是非常必要的。在寻找并面对这个问题的瞬间，我们便能够遇见"脱离孩子的自我"，而这则意味着我们成长为真正的大人。

◌ 对自己和孩子说声对不起

父母了解和承认自己内心的问题是一个很困难的过程。正如前文所述，如果经常获得别人的认同，这真的是一件非常幸运的事情，但大多数人在童年时期并没有得到过别人的认同。父母们的记忆中，存在的只有童年时期的紧张和忙碌。

* 你在小时候曾经听爸爸妈妈说过下面的话吗？

　　"妈妈感到很抱歉。"

　　"爸爸感到很抱歉。"

你可能不记得了。那我们换个问题：

* 你记得小时候有被爸爸妈妈批评过吗？

或许你脑海中马上就会浮现出被爸爸妈妈批评的场景。如果马上就能联想到那个场景，请对自己说：

　　"对不起。"

　　"对不起。那时候真的没有办法。"

　　"无论如何，我都感到很抱歉。"

如果问"小时候爸爸妈妈有没有跟你说过对不起？"大部分人的

回答都是"不记得了"。重要的不是记不记得，而是即使到现在，我们也需要对记忆中曾经伤心、疲倦的自己说声"对不起"。说出对不起的瞬间，我们便可以摆脱内心的困扰，不再感到伤心。接下来，我们再换个问法。

* 你曾经真心地跟孩子道过歉吗？

⭕ **跟孩子道歉的时候，有没有感觉自己的内心充满深深的歉意？**

对孩子来说，得到道歉的经历很重要。相比于听到"我爱你"，听到父母真挚的道歉能产生更好的效果。"我爱你"这句话表现的是一种欲望，"对不起"则更接近于一种自我反思的认识。调节欲望时产生的感觉以及在调节过程中自我反思的瞬间，都能让人获得成长。只有在反思、审视自己的问题之后，父母才会对孩子说"对不起"。在给家长做咨询的时候，我曾经说过下面这句话：

> "善佑妈妈，是您做错了。请您回家后一定要拿出勇气，
> 向善佑道歉。"

有价值的道歉，不会很长。虽然只是一句话，却沉重得难以启齿。从敲孩子的房门、抓住门把手，一直到打开门的瞬间，父母需要用上全身的力气。这种沉甸甸的道歉，让父母得以承认内心的问题，也让

他们能为此画上一个圆满的句号。

先跟自己说对不起，借此获得安慰。在这之后，再试着对我们的孩子说对不起。这样一来，我们的孩子就能够获得心灵上的自由，在长大成人之后，他们也懂得自己安慰自己。

03

父母需要先了解
自己的自尊心

想象一下，把自己所有的"面具"一个一个丢弃，直到不剩任何"面具"。如果这时你还认为自己是一个有价值的人，那么说明你的自尊心坚不可摧。

○ 父母和孩子的自尊心息息相关

在养育孩子的过程中，我从来没想过孩子会完全按照我的想法生活。教育孩子的时候，往往会出现一些意料之外的状况，这是十分正常的事情。面对这些意料之外的状况，我们可能会感到无能为力，有时还会产生一种负罪感。有一次，我给学生家长做咨询时，一个学生的奶奶来到我身边，跟我诉说她的烦恼：

"我儿子和儿媳都毕业于名牌大学，为什么孙子的学习

成绩不好呢？"

父母毕业于名牌大学，学习能力很强，但是孩子学习成绩不好或者不喜欢学习，这种情况很常见。相反的情况也不少，虽然父母的学历不高，但是孩子可能学习成绩很好，甚至很喜欢学习。不仅仅是在学习方面，在艺术领域也是如此。父母在艺术领域毫无造诣，但孩子可能天生就有艺术细胞或者对艺术很感兴趣。相反，有的父母在艺术领域拥有极高的造诣，但他们的孩子可能对艺术完全不感兴趣，只是听从父母的安排，才勉为其难走上艺术的道路。

但是，自尊心不同。父母的自尊心强，孩子的自尊心就强；父母的自尊心弱，孩子的自尊心就弱。两者几乎总是一致的。如果孩子的自尊心较弱，那么父母首先应该先了解一下自己的自尊心。有的父母偶尔会说：

"幼儿园老师太严厉了，现在我家孩子的自尊心减弱了很多。"

自尊心并不会因为害怕就减弱，也不会因为不害怕就增强。如果因为害怕幼儿园的老师，孩子的自尊心就会减弱，那整个班里所有的孩子，他们的自尊心都会减弱。但我们知道实际情况不是这样的。当然，如果孩子陷入一种不可抗拒的恐惧之中，他们的心灵也会受到创伤，这可能会影响他们的自尊心。即便如此，父母的自尊心强，孩子也能够获得强大的自尊心，进而可以承受这种伤痛。如果担心孩子的自尊心出现问题，父母不应浪费时间寻找外部原因，而最应该先审视自己的自尊心。父母要通过审视自尊心，识别"自我"，感受存在的意义。在这个过程中，父母如果恢复了自尊心，孩子的自尊心也会神奇地马上随之恢复。

○ **了解父母自尊心的过程**

下面我简单介绍一下了解父母自尊心的过程。父母在了解自己的自尊心之前，需要暂时摘下"父母"这一标签。把自己身上所有的标签全部摘掉，只剩下"我"的时候，父母才能真正了解自己的自尊心。在心理学中，贴在"我"身上的标签被称为"面具"。父母还需要问自己：

* 我是谁?

假设我们的回答是"我是妈妈"。那我们就需要摘掉这个面具，然后，再继续问自己：

* 我是谁?

假设这次我们的回答是"我是女儿"。那么，我们要再把这个"面具"摘掉。然后，我们继续问自己这个问题，同时，把我们想到的"面具"写在纸上。写完之后，在上面画 ×。不要只在心里摘掉这些"面具"，而要切实体现在纸面上，让我们清楚地知道我们摘掉了它们。我们要把覆盖在自己脸上的"面具"全部摘掉，比如某人的妻子、某公司的员工、家庭主妇、名牌大学的校友、社团成员、联谊会总务等。当脑海中不再继续浮现出新的"面具"之时，我们可以把那张纸揉成一团，扔进垃圾桶。然后，我们再静静地问自己几个新问题：

＊如果把这些面具全部摘掉，我还有存在的价值吗？

＊如果这些角色我都无法胜任，我还算有用的人吗？

＊如果贴在"我"身上的标签全部消失，我还会感到安全吗？

○ 不要关注"我"戴的"面具"，只关注"我"就好

想象一下，把自己所有的"面具"一个一个丢弃，直到不剩任何"面具"。如果这时你还认为自己是一个有价值的人，那么说明你的自尊心坚不可摧。如果你不认为自己是一个有价值的人，但仍然觉得自己应该存在于这个世界之上，那么你的自尊心还算处于一个良好的状态。如果你在想象把自己的"面具"一个一个地击碎时，感到惶恐不安，认为无法放弃自己的"面具"，那么你的自尊心正处于一个非常虚弱的状态。这样的自尊心犹如一块薄冰，不知何时就会破碎。当自己身上只留下"我""自我"这些标签的时候，如果感到不安，不知道自己何去何从，感受不到存在的价值和意义，这时，希望大家能够

看着镜子里的自己，对自己说：

　　"不过有你在，真好。"

　　"辛苦了，不过有你在，真好。"

　　"很累吧。但是，真的非常感谢你能够陪在我身边。"

　　如果从别人口中听到上面这些话，产生的效果会更好。但现实是，即使是家人之间，也很少说这样的话。我们可以自己对自己说，这样也能够产生效果，让我们获得安慰。

　　当别人关注"我"、安慰"我"的时候，"我"才能够感受到尊重。这个世界上最重要的"我"只有一个，那就是单纯的"我"，而不是覆盖着"我"的"面具"。意识到、感受到如此珍贵的"我"此时此刻就存在于这里，这是一件十分重要的事情。在这个世界上离"我"最近的地方、在此时此刻"我"所处的这个地方，我们能够找到自己的自尊心。

回顾我们父母
说过的话

我们以教育之名对孩子说出的许多话，实际上
很可能都不是出自我们的内心，而只是复述我
们父母曾经对我们说过的话而已，我们只是把
父母对我们的期望转移到孩子的身上。

回忆养育"我"的人说过的话

希望大家能够暂时回想一下，小时候爸爸妈妈说过的话中，哪些
话让自己印象比较深刻？如果小时候抚养自己的人不是爸爸妈妈，那
从抚养自己的人（爷爷、奶奶、叔叔、姨妈等）那里听到的话中，大
家印象比较深刻的话是什么呢？听到那些话的时候，大家的情绪又是
怎样的呢？如果想起那些话的时候，大家感到十分辛苦，那么可以暂
时停一下。

独自一人回顾童年时光，有的人会感到非常辛苦，这样的人比我
们想象中的还要多。所以，他们会去看心理医生，倾诉自己童年的经

历，进而寻求医生的帮助。寻找自我潜意识的旅程需要循序渐进地、安全地进行。如果不想看心理医生，至少需要多读一些相关书籍，然后拿出时间，慢慢回顾我们的过去，这也有助于缓解我们内心的痛苦。

回忆小时候抚养"我"的人对"我"说的话，能够让我们知道"我"如何成长为现在的"我"。这些话也能够让"我"与"我"所感受到的开心、伤心、挫折、希望等情绪共同成长。现在，长大之后，我们要做的事情就是，回忆起那些话，然后区分一下，哪些话该留下，哪些话该丢弃。

另一方面，也有一些人主张，没有必要非把重点放在回顾童年时光上。他们的观点是，人不应该执着于寻找那些难以找到（或者根本无法找到）的过去的记忆，而是要着眼于当下。从我的亲身经历来看，回顾过去的记忆，这个过程虽然很辛苦，却有着显著的效果。因为很多情况下，我们被禁锢在过去的某个瞬间无法逃脱，所以才成了现在的"自己"。

○ 小时候别人说过的话，成为"我"的人生支柱

上学的时候，我曾跟随一个学习小组一起学习精神分析领域的相关知识。当时，我只是一个普通的准备复学的学生，并不知道什么是心理学。我们大约每周学习一次，这样持续了大约一年。当时为我们授课的是韩国西江大学的心理学教授，现在想想那个时候真的是太幸运了。那还是 20 世纪 90 年代，很少有人了解心理学，人们仅仅根据

血型判断一个人的心理状态。通过学习精神分析领域的相关知识，我摆脱了沉重的心理负担，体会到了自由。另外，也是在那个时候，我也了解到了外婆对我的前半生产生了相当大的影响。原因在于，我小时候印象最深刻的话就是"外婆说的话"。

我是被外婆带大的。在我四五岁的时候，有一次，我在白天睡觉，睡着睡着突然做了一个噩梦。我十分害怕，起床之后马上就去找外婆。当时外婆正在厨房往灶膛里生火，她看着我，说道：

"起来了？"

外婆的这一句话，让我的内心变得十分安静平和。于是，我默默地坐在廊檐和厨房中间的台阶上，看着外婆做饭。外婆往灶膛里生火的样子深深地印刻在我的记忆之中，至今都让我感到非常温暖。那一刻是我感到最安全、最安静、最平和的瞬间。那一刻的安定至今还让我受益无穷，对我人生的许多方面产生着重要的影响。在我疲惫、不安、难过的时候，这份安定能让我调整情绪，重新振作起来。

外婆的那句"起来了？"包含着许许多多的信息。这句话的意思可以是"我的孙子真棒"，也可以是"我现在正在给你做饭"，又或者是"热乎乎的晚饭一会儿就做好了，我们一起美美地吃一顿吧"。最重要的是，这句话的深层含义是："你现在在这儿，真好。"这短短的三个字蕴含着无穷的意味，而这无穷无尽的意味汇成了一个字——"爱"。

那个时候，我感到外婆深深地爱着我。这个事实对我的自尊心产生了莫大的影响。

○ 回忆从父母那里听来的话

文章要解释清楚，才能够准确地向读者传达其含义，但话语不需要如此麻烦。简短的一句话可以包含各种各样的意思。说话时的语调、语气、声音的颤动、眼神、表情、行动等等，都一起向听者传递着话语中的含义。所以，话语能够在瞬间成为一把刀，但也有可能成为一个避风港。虽然我们说话的时候并不清楚，但是在回顾这些话的过程中，我们会渐渐地了解这一事实。我们也会了解到，有时简短的一句话会在如此漫长的时间里一直压抑着自己，而我们却只能被迫停留在那个状态之中。

名言警句并不能完全影响我们的认知和行为。那些让我们感动的名言虽然能对我们产生一定的影响，但很少让我们的认知发生变化。这是因为，影响我们一生的话，在童年时期就已经深深印刻在了我们的脑海之中。

小时候别人不经意间说的话，往往会成为我们束缚自己的牢笼。小时候对我们说话最多的人一般是我们的父母。所以，我们应该先回顾一下父母曾经说过的话。父母的话中有一个"我"。严重的时候，这个"我"会因为父母说的话而无法继续成长。找到这个"我"之后，我们接下来要做的事情是，忘却别人曾经说过的话，去寻找自己内心

196

真正的、最初的想法。这个漫长旅程的第一步，正是回忆起父母对我们说的"话"。回忆的过程可能不是一个幸福的过程。我们可能会害怕，有时可能因难以面对而饱受折磨，说不定还会因为无法忍受而把自己藏在一个无人知晓的地方。

从"我"的话中分离出父母的声音

首先，内心的分析始于回忆。我们没必要独自一人一次性回忆起过多的话。这不仅不会帮我们理清思绪，还可能会让我们变得更加混乱。但在这样的混乱中，我们会回想起之前产生的情绪，以及被这些情绪包裹着的爸爸妈妈曾经说过的话。希望大家能够默默复述一下记忆中爸爸妈妈说过的话，这有助于我们了解自己。如果小时候我们备受欺凌，那么回忆欺负我们的人曾经说过的话，也能够对我们认识自己产生一定的帮助。

虽然这个过程有点难、有点累，但我还是希望作为父母的你能够慢慢回想一下，当时自己感受到的需求和情绪，找到停留在那里的"我"，说一声"辛苦了"。与过去的自己告别，是一件非常重要的事情。

如果没有这个过程，那么现在我们以教育之名对孩子说出的许多话，实际上很有可能都不是出自我们的内心，而只是复述我们父母曾经对我们说过的话而已，我们只是把父母对我们的期望转移到孩子的身上。

从"我"的话中分离出父母的声音，只有这样，"我"真正的声音才能够传递给孩子。这种分离从唤起我们以前的记忆开始。

理解因为孩子的话
而受伤的自己

如果孩子经常说一些让父母感到伤心的话，那
父母就会陷入一种无力感。相比于日常生活中
遇到的困难，这种无力感会给父母带来更大的
压力。

被孩子的表情、语气、眼神伤害的父母

在去给小学生的家长们做演讲的路上，我总是会充满期待，但同
时也会感到一点点紧张。虽然我发表过许多演讲，但是每次演讲之前
我总是会感到紧张。我紧张的不是今天要演讲的内容，而是演讲完之
后听众的反应。

"今天会收到什么提问呢？希望我的回答能够为父母们

减轻哪怕一点点负担……"

有的时候，我感觉自己不是去做演讲的，而是去回答问题的。听着父母们的提问，看着父母们恳切的眼神，我重新体会到了身为一名教育工作者的责任。

实际上，演讲本身更接近于一种单方面的表达输出，但现场提问则有所不同。现场提问是相互沟通，能够让我与家长在产生共鸣的同时，共同面对出现的问题。通过那些鲜活的、综合性的问题，我看到了家长们在孩子的教育过程中面临的实际问题和苦恼。有一些问题无法用任何教育理论来解释，也不符合孩子成长过程的规律，而且这些问题还包含很多不确定的因素。面对这些问题的时候，我也产生了一些新的苦恼，令我深思。有一次，在一家图书馆举办的演讲中，有位家长对我说：

"孩子上小学五年级的时候，第一次冲我大声发脾气，这让我感到非常惊讶。孩子虽然没有骂我，但我总感觉孩子无视我的存在。但是，我觉得也不能马上责备他……现在就这样，等他上初中之后，我觉得我可能承受不了他的脾气……当然，孩子也会烦恼，也有可能大声发脾气，就这样不管他可以吗？不然，我该怎么做呢？我以为那只是因为孩子到了青春期，所以就不跟他计较了……这样，没啥问题吧……我真的不知道该怎么办。"

在演讲现场很少有家长这么提问。在其他家长的注视下，诉说自己教育孩子时的不愉快，这是一件十分困难的事情。在给家长做个人咨询的时候，我偶尔会听到这样的问题，但那时家长也没有如此清晰地表达过自己内心的痛苦。

通常，演讲结束后，家长们经常提的问题是"我家孩子被其他孩子欺负了怎么办"或者"我家孩子和其他孩子之间闹矛盾了""应该怎么帮我家孩子改掉错误的习惯"等等。但是，上文中那位家长说的话和这些话的性质是不一样的。说得严重一点，上文中那位家长话中的意思是，"我们的孩子"是加害者，"父母"才是受害者。对于这个问题，我的回答是：

> "不只是孩子会受伤。父母也可能因为孩子的表现而受
> 到伤害，请保护好自己。"

准确地说，当家长们从孩子的表情、语气、眼神中发现孩子无视自己的时候，家长们会受到伤害。但令人遗憾的是，很多父母在这种情况下都不会启动"心理防御机制"，这一点十分出人意料。心理防御机制能够产生积极的作用，捍卫"我"的存在感。当然，过度的防御可能会让彼此之间的关系变得难以改善。问题是，有一些家长在遭受孩子的攻击之时，往往不会采取任何防御措施。他们这样做只是因为有负罪感。

"我家宰贤现在这个样子都是因为我，他小的时候我应该辞掉工作陪着他，但我却没有。"

"我家秀智现在这么容易发脾气，都是受我的影响。"

"当时，我们经济状况不好，我一心只想着工作赚钱，没有时间好好照顾孩子，所以孩子才会变成现在这个样子。"

○ 与孩子保持距离的父母

实际上，读着上面这些话，我们似乎能够了解，父母对待孩子的态度和孩子的表现之间存在着因果关系，但这也只不过是我们的想法和推测而已。准确地说，负罪感会产生一种不合理的信念。这种因果关系则会把毫不相关的东西连接在一起。而且，即使因为父母的错误，导致孩子出现了问题，父母也没有理由受到伤害，更没有理由像遭受体罚一样忍受孩子的讽刺，甚至辱骂。父母只需要承认自己的错误，向孩子道歉就好。

当然，孩子也有可能在父母不在场的情况下，辱骂父母，宣泄自己的愤怒。孩子可以这么做。在这一过程中，孩子也能够感到解脱，或者能够调节自己的情绪。但如果孩子反复持续地表现出一些过激行为，那这本身就是一种暴力。

父母不要因为负罪感就把自己当成牺牲品。父母越这样，孩子表面上就越粗鲁，内心却越不安。孩子想要的不是破坏父母在自己心目中的形象，而是安全地离开父母，获得独立。只是他们不知道如何去做而已。

如果孩子经常说一些让父母感到伤心的话，那父母就会陷入一种无力感。相比于日常生活中遇到的困难，这种无力感会给父母带来更大的压力，也会对生活质量产生极大的影响。

父母可以对孩子说：

"你可以对我们不满，也可以生气。这些事情爸爸妈妈也都清楚。但你不能在爸爸妈妈面前肆无忌惮地表达自己的不满，爸爸妈妈无法接受这种无理宣泄情绪的行为。所以，回你自己的房间去发脾气，不要在我面前发脾气。"

看到父母保护自己的样子，孩子也会客观地看待自己的态度。而且，孩子能够切身学习到如何从别人那里保护自己。

父母们不要因为负罪感和对孩子无限的爱就让自己陷入一种理想的状态之中，接受孩子的一切，甚至是孩子带来的痛苦和伤害。这并不是完美的理想，只是一种奇怪的信念而已。只不过是一种约定俗成的社会规则，把不可能包装成了可能。

"父母的爱不是无限的，只是比其他人的爱更强烈、更长久、更持续而已。"

把自身暴露于创伤之中的父母，并不能让孩子获得安全感。当父母与孩子保持安全距离的时候，父母的爱反而能够变得更安定、更长久、更持续。要想守护孩子，父母先要保证自身的安全。

"父母们读完能够获得帮助的心

理、人文、育儿类书籍"

1. 有助于增强孩子和父母自尊心的心理学书籍

　　《自尊心，让我爱自己》[韩]李武石 著，前景与领

导力出版社

　　《自尊心的修行》[韩]尹洪均 著，简单生活（Simple

life）出版社

　　《小学生自尊心的力量》[韩]金善浩 著，路友出

版社

　　《孩子的自尊心》[韩]郑智恩、[韩]金敏泰 合著，

知识频道出版社

2. 有助于提高孩子学习能力的书籍

　　《7步阅读学习法》[日]山口真由 著，[韩]柳斗镇

译，智慧屋出版社

《学习思路读书法》[韩]崔承弼 著，书九楼出版社

《数据颠覆的学习真相》[日]中室牧子 著，[韩]刘润翰 译，登录出版社

《小学生学习能力的秘密》[日]岸本洋 著，[韩]洪成民 译，共鸣出版社

《客厅学习的魔法》[日]小川代助 著，[韩]李京民译，拱顶石出版社

《为什么是犹太人？》[美]马文·托凯 著，[韩]朴贤珠 译，摩天出版社

《阅读英文书的力量》[韩]高光润 著，路友出版社

《学习的人》[韩]郑贤模 著，预言出版社

3. 有助于治疗心灵创伤的心理学书籍

《治愈我们心中受伤的孩子》[美]约翰·布雷萧 著，[韩]吴济恩 译，学知出版社

《我的孩子还好吗》[韩]金善浩 著，甜蜜之春出版社

《弗洛伊德的病人们》[韩]金瑞英 著，实践的智慧出版社

《心灵创伤》[美]朱迪思·赫尔曼 著，[韩]崔贤贞

译，打开的书籍出版社

《治愈我的心灵创伤》[美]彼得·莱文 著，[韩]杨熙雅 译，灵魂伴侣出版社

《一千种共鸣》[韩]金炯京 著，人文风景出版社

4.提升父母的哲学、人文素养的书籍

《40岁读〈孙子兵法〉》[韩]姜尚具 著，流水出版社

《没有物欲的世界》[日]菅付雅信 著，[韩]贤善 译，航海出版社

《孩子们对神的好奇》[德]扬·乌贝、[德]安塞尔姆·格林合著，[韩]张慧京 译，罗德岛出版社

《未来简史》[以色列]尤瓦尔·赫拉利 著，[韩]金明洙 译，今英出版社

《2030大胆的挑战》[韩]崔允植 著，知识游民出版社

《一无所有》[韩]法正 著，泉边出版社

《妈妈的书签人文学》[韩]金善浩 著，想象出版社

5.为心灵需要获得治愈的父母推荐的书籍

《30年来难得的休息》[韩]李武石 著，前景与领导

力出版社

《自然挽救心灵》[美]弗洛伦斯·威廉姆斯 著,[韩]文熙京 译,德奎斯特出版社

6. 有助于提高写作能力的书籍

《姜元国教写作》[韩]姜元国 著,梅迪奇媒体出版社

《我的职业是小说家》[日]村上春树 著,[韩]杨润玉 译,现代文学出版社

《表达的技巧》[韩]柳时敏 著,想象之路出版社

《编辑学》[韩]金斑运 著,21世纪图书出版社

7. 有女儿的父母应该读的书籍

《寄给女儿的一封心理学邮件》[韩]韩成熙 著,美文出版社

《妈妈的情绪伴随着女儿的成长》[韩]朴又兰 著,朱诺生活出版社

《妈妈的情绪》[韩]郑宇烈 著,抽屉里的天气出版社

《妈妈,你为什么那样说》[美]黛博拉·泰南 著,[韩]金高名 译,预言出版社

8. 孩子处于青春期的父母应该读的书籍

《青春期的孩子，战胜妈妈便能赢得世界》[韩]金善浩 著，路友出版社

《稍微不同，也没关系》[韩]金善浩 著，人物和思想出版社

9. 父母获得真正的成长需要读的书籍

《偶尔需要品味孤独》[韩]金斑运 著，21世纪图书出版社

《适时的离别》[韩]金炯京 著，人文风景出版社

《幸福的利己主义者》[美]韦恩·W.戴尔 著，[韩]吴贤贞 译，21世纪图书出版社

《你是对的》[韩]郑惠信 著，成功出版社

10. 有助于培养创造性思维、直观性思考方式的书籍

《第七感：一念改变人生》[美]威廉·达根 著，[韩]伊美娜 译，商务版图出版社

《小学生的直观性教育》[韩]金善浩 著，航海出版社

《想法的诞生》[美]罗伯特·鲁特－伯恩斯坦、[美]米歇尔·鲁特－伯恩斯坦 合著，[韩]朴钟成 译，回声

书斋出版社

11. 有助于让孩子学会独立的书籍

《无法抛弃的孩子们》[韩]李秀莲 著，雨果出版社

《顽童教育法》[法]迪迪埃·普勒 著，[韩]李明英 译，书友出版社

《法国妈妈育儿经》[美]帕梅拉·德鲁克曼 著，[韩]李周惠 译，北合出版社

12. 学龄前儿童的父母需要读的书籍

《孩子一年级，妈妈一年级》[韩]南正熙、[韩]李浩芬 合著，路友出版社

《小学生真正的内心》[韩]金善浩 著，韩民族日报出版社

《妈妈也是第一次做家长》[韩]崔载正 著，路友出版社

13. 提升成功动力的书籍

《最重要的事，只有一件》[美]加里·凯勒、[美]杰伊·帕帕森 合著，[韩]具世熙 译，商务图书出版社

图书在版编目（CIP）数据

好好说话的情绪教养 /（韩）金善浩著；曹红滨译
. -- 成都：四川文艺出版社 , 2023.3
ISBN 978-7-5411-6593-1

Ⅰ .①好… Ⅱ .①金… ②曹… Ⅲ .①家庭教育
Ⅳ .① G78

中国国家版本馆 CIP 数据核字 (2023) 第 021376 号

著作权合同登记号 图进字：21-2023-5

HAOHAO SHUOHUA DE QINGXU JIAOYANG
好好说话的情绪教养
[韩]金善浩 著

曹红滨 译

出 品 人　谭清洁
出版统筹　刘运东
特约监制　王兰颖
责任编辑　陈雪媛
特约编辑　姚同香
封面设计　八牛书装设计
责任校对　段 敏

出版发行　四川文艺出版社（成都市锦江区三色路238号）
网　　址　www.scwys.com
电　　话　010-85526620

印　　刷　天津鑫旭阳印刷有限公司
成品尺寸　145mm×210mm　　开　本　32开
印　　张　7　　　　　　　　　字　数　140千字
版　　次　2023年3月第一版　　印　次　2023年3月第一次印刷
书　　号　ISBN 978-7-5411-6593-1
定　　价　39.80元